EL PIANISTA DEL GUETO DE VARSOVIA

Wladyslaw Szpilman

El pianista
del gueto de Varsovia

Traducción de Mª Teresa de los Ríos

TURPIAL · AMARANTO
Madrid

Título original:
Smierc Miasta
Varsovia, 1946 (compilado por Jerzy Waldorff)

© Wladyslaw Szpilman

9ª edición. Diciembre 2001

© Ilustración de la cubierta: Fabricio Vanden Broeck
© Traducción: Mª Teresa de los Ríos
   Realización gráfica: Antonio Sanseroni

© 2000 Reservados todos los derechos de esta edición para:
Amaranto Editores, S. L.
Ábrego 29-3B
28223 Pozuelo de Alarcón (Madrid)
Tel.: 915 18 05 36
y
Ediciones Turpial, S. A.
Guzmán el Bueno 133
28003 Madrid
Tel: 915 34 92 85

ISBN: 84-921605-8-6
ISBN: 84-95157-08-X
Depósito legal: 49.106/2001
Impreso en I. G. Ferré Olsina, S.A.

Impreso en España - *Printed in Spain*

Nota de los editores

La primera versión de este libro se publicó en Polonia en 1946, un año después del fin de la guerra, pero enseguida fue retirado de la circulación por las nuevas autoridades polacas. Durante la década de 1960 algunas editoriales de aquel país intentaron, sin éxito, darlo a conocer a la generación más joven: el libro nunca se reimprimió. La versión que ahora presentamos fue publicada en alemán en 1998.

Wladyslaw Szpilman escribió estas memorias al poco tiempo de terminar la guerra. Con una enorme frescura, impregnada no obstante de melancolía, describe en ellas sus experiencias personales y el ambiente de terror que rodeó a la población judía de Polonia durante la ocupación nazi. A pesar de que relata acontecimientos terribles, Szpilman no se detiene a juzgar a nadie. Simplemente refiere todo lo que vio y vivió: desde las atrocidades cometidas por soldados alemanes, ucranianos y lituanos, hasta el orden social imperante en el gueto de Varsovia, trágica repetición de las diferencias de clase en tiempos de paz.

Szpilman muestra cómo degrada el horror de la guerra a los seres humanos y cómo, en situaciones extremas, cada individuo reacciona de manera distinta y a menudo impredecible. Hay colaboracionistas crueles y traidores en todos los grupos, y en todos ellos hay también personas que arriesgan su vida por ayudar a los demás. Sin restar importancia al genocidio del pueblo judío por las huestes nazis, Szpilman nos acerca a una verdad fundamental: las guerras no son sólo conflictos entre naciones o ideologías políticas, sino finalmente enfrentamientos entre quienes albergan el más absoluto desprecio por la vida humana y quienes se mantienen firmes en la defensa de la fraternidad entre los hombres.

Tal vez sea por esto por lo que, tantos años después de los hechos, diversos medios de prensa europeos y americanos (*The Economist* y *Los Angeles Times*, entre ellos) han coincidido en elegir las memorias de Szpilman como uno de los mejores libros de 1999 (año de su publicación en inglés), y Roman Polanski ha anunciado su intención de rodar una película basada en ellas.

La presente edición incluye también extractos del diario del capitán Wilm Hosenfeld, sin cuya ayuda es probable que Szpilman no hubiera logrado escapar con vida, y un epílogo del poeta alemán Wolf Biermann.

Índice

EL PIANISTA
DEL GUETO DE VARSOVIA

1 La hora de los niños y de los locos

Comencé mi carrera como pianista de guerra en el Café Nowoczesna, que estaba en la calle Nowolipki, en el mismo corazón del gueto de Varsovia. Para la época en que se cerraron las puertas del gueto, en noviembre de 1940, hacía tiempo que mi familia había vendido todo lo que podíamos vender, incluso nuestra más preciada pertenencia doméstica, el piano. La vida, por demás insignificante, me había obligado sin embargo a vencer mi apatía y buscar alguna forma de ganarme el sustento; gracias a Dios, había encontrado una. El trabajo me dejaba poco tiempo para cavilaciones, y la conciencia de que toda mi familia dependía de lo que yo ganara me ayudó a superar poco a poco mi anterior estado de amargura y desesperación.

Mi jornada laboral comenzaba a primera hora de la tarde. Para llegar al café tenía que recorrer un laberinto de callejuelas que se adentraban en el gueto o, si por el contrario me apetecía observar las emocionantes actividades de los contrabandistas, podía rodear el muro.

Las primeras horas de la tarde eran las mejores para el contrabando. Los policías, agotados tras una mañana de llenarse los bolsillos, estaban menos alerta, ocupados en hacer recuento de sus ganancias. Inquietas figuras se asomaban a las ventanas y portales de los bloques de viviendas situados a lo largo del muro, y volvían a ocultarse, esperando con impaciencia el tableteo de un carro o el estruendo del tranvía. De vez en cuando el ruido al otro lado del muro se hacía más intenso y, al paso de un carro tirado por caballos al trote, se oía la señal convenida, un silbido, y volaban bolsas y paquetes por encima del muro. Quienes habían estado al acecho salían a la carrera de los portales, agarraban a toda prisa el botín, volvían de nuevo al interior y un engañoso silencio, lleno de expectación, nerviosismo y cuchicheos, volvía a caer sobre la calle minuto tras minuto. Los días en que la policía se ocupaba con más energía de su trabajo se oían ecos de disparos mezclados con el ruido de las ruedas de los carros, y por encima del muro volaban, en lugar de bolsas, granadas de mano que explotaban produciendo fuertes estampidos y desconchones en las fachadas de los edificios.

Los muros del gueto no alcanzaban el suelo en toda su longitud. A intervalos había largas aberturas en la base, por las cuales afluía agua que procedía de las zonas arias de la ciudad y circulaba junto a las aceras judías. Los niños usaban esas aberturas para el contrabando. Se podían ver diminutas figuras negras de piernas escuálidas, con unos ojos que lanzaban a hurtadillas miradas aterrorizadas a izquierda y derecha, corriendo hacia los huecos desde todos lados. Después unas manitas negras arrastraban los fardos a través de las aberturas, fardos que muchas veces eran más grandes que los propios contrabandistas.

Una vez que los fardos estaban de este lado, los niños se los echaban al hombro; encorvados y tambaleantes bajo la carga, con las venas azuleándoles las sienes a consecuencia del esfuerzo y respirando trabajosamente por la boca, se dispersaban en todas direcciones como ratitas asustadas.

Su trabajo era tan arriesgado como el de los contrabandistas adultos y entrañaba el mismo peligro para su vida. Cierto día que caminaba junto al muro vi una operación infantil de contrabando que parecía haber alcanzado un final feliz. El niño judío, todavía al otro lado, sólo tenía que seguir el mismo camino que su fardo y atravesar el muro. Ya asomaba en parte su delgadísima figura cuando, de repente, comenzó a gritar y al mismo tiempo oí el ronco bramido de un alemán al otro lado del muro. Corrí hasta el niño para ayudarlo a pasar lo más deprisa posible pero, a pesar de nuestros esfuerzos, quedó atascado por las caderas en la abertura. Tiraba de sus bracitos con todas mis fuerzas mientras sus gritos se hacían cada vez más desesperados; podía oír los golpazos que le propinaba el policía desde el otro lado del muro. Cuando por fin conseguí sacar al niño, murió. Tenía la columna destrozada.

En realidad, el gueto no se alimentaba de este contrabando. La mayoría de los sacos y paquetes que pasaban por encima del muro contenían donativos de los polacos a los judíos más pobres. El verdadero negocio del contrabando, el habitual, lo dirigían potentados como Kon y Heller; era mucho más sencillo y también más seguro. Bastaba con sobornar a los policías de guardia, los cuales cerraban los ojos en los momentos convenidos, para que cruzaran la puerta del gueto, ante sus narices y con su acuerdo tácito, verdaderas columnas de carros que transportaban alimentos, bebidas caras, manjares exquisitos, tabaco recién llegado de Grecia, y artículos de fantasía y cosméticos franceses.

En el Nowoczesna podía ver todos los días esos productos de contrabando. Era un café frecuentado por ricos, que acudían allí cargados de joyas de oro y diamantes. Entre taponazos de champaña, busconas de llamativo maquillaje ofrecían sus servicios a los especuladores, sentados ante mesas repletas. Perdí dos ilusiones en ese café: mi fe en nuestra solidaridad general y en la musicalidad de los judíos.

En el exterior del Nowoczesna no se permitía que hubiera mendigos. Los ahuyentaban gruesos porteros armados con porras. A menudo llegaban *rickshaws* cargados de hombres y mujeres ataviados con costosas lanas en invierno, y con suntuosos sombreros de paja y sedas francesas en verano. Antes de llegar a la zona protegida por las porras de los porteros, los propios clientes apartaban a la muchedumbre a bastonazos con expresión colérica. No daban limosna; en su opinión, la caridad sólo servía para desmoralizar a la gente. Quien trabajara tanto como ellos ganaría lo mismo que ellos: cualquiera podía hacerlo y si alguien no sabía cómo ganarse la vida era culpa suya.

Cuando por fin se sentaban a los veladores del amplio café, que sólo visitaban por negocios, comenzaban a quejarse de la dureza de los tiempos y la falta de solidaridad que mostraban los judíos estadounidenses. ¿Qué se creían? Aquí estaba muriendo gente por no tener nada que llevarse a la boca. Sucedían las cosas más espantosas y la prensa estadounidense no decía ni palabra, y los banqueros del otro lado del charco no hacían nada por conseguir que Estados Unidos declarara la guerra a Alemania, aunque estaban en condiciones de presionar en ese sentido si así lo querían.

Nadie prestaba atención a mi música en el Nowoczesna. Cuanto más alto tocaba, más alto hablaban los asistentes mientras comían y bebían, y cada día mi público y yo competíamos por ver quién se imponía. En cierta ocasión un cliente incluso me envió a un camarero para decirme que dejara de tocar unos momentos, porque la música le impedía probar las monedas de veinte dólares de oro que acababa de adquirir a otro cliente. Entonces golpeó con suavidad las monedas contra el mármol de la mesa, las tomó con la punta de los dedos, las acercó hasta su oído y escuchó sin pestañear su tintineo, la única música que le interesaba. No toqué mucho tiempo allí. Por suerte, encontré trabajo en un café muy diferente de la calle Sienna al que iban intelectuales judíos para oírme tocar. Fue en él donde conseguí renombre artístico e hice amigos con los cuales habría de pasar más adelante momentos agradables, y también otros terribles. Entre los habituales del café estaba el pintor Roman Kramsztyk, artista muy dotado y amigo de Artur Rubinstein y Karol Szymanowski. Trabajaba en una magnífica serie de dibujos sobre la vida dentro de los muros del gueto, sin saber que sería asesinado y la mayoría de los dibujos se perderían.

Otro de los clientes del café de la calle Sienna era una de las personas más admirables que he conocido, Janusz Korczak. Era un hombre de letras que conocía a casi todos los artistas principales del movimiento de la Joven Polonia. Hablaba sobre ellos de una manera cautivadora; sus relatos eran, al mismo tiempo, sencillos y emocionantes. No se le consideraba un escritor de primerísima línea, tal vez porque sus logros en el campo de la literatura tenían un carácter muy especial: eran historias sobre y para niños, notables por su profunda comprensión de la mentalidad infantil. No estaban escritas con ambición artística, sino que llegaban directas desde el corazón de un activista y educador nato. El verdadero valor de Korczak no radicaba en lo que escribía, sino en que vivía como escribía. Años atrás, al comienzo de su carrera, había dedicado hasta el último minuto de su tiempo libre y hasta su último zloty a la causa de los niños, y habría de dedicarse a ellos hasta su muerte. Fundó orfanatos, organizó toda clase de colectas para los niños pobres y dio charlas en la radio, lo que le proporcionó enorme popularidad (y no sólo entre los niños); era conocido como «el viejo doctor». Cuando se cerraron las puertas del gueto él permaneció dentro, aunque podía haberse salvado, y continuó su misión a este lado de los muros como padre adoptivo de una docena de huérfanos judíos, los niños más pobres y abandonados del mundo. Cuando hablábamos con él en la calle Sienna no sabíamos de qué manera tan admirable y apasionada terminaría su vida.

Cuatro meses después me trasladé a otro café, el Sztuka (Arte), en la calle Leszno. Era el mayor café del gueto y tenía aspiraciones artísticas. En su sala de conciertos se ofrecían a menudo actuaciones musicales. Entre quienes allí cantaban estaba Maria Eisenstadt, cuyo nombre sería ahora famoso para millones de personas por su maravillosa voz si los alemanes no la hubieran asesinado poco después. Me presenté tocando dúos de piano con Andrzej Goldfeder y tuve mucho éxito con mi versión del *Vals Casanova* de Ludomir Rózycki, con letra de Wladyslaw Szlengel. El poeta Szlengel actuaba todos los días con Leonid Fokczanski, el cantante Andrzej Wlast, el popular cómico Wacus el Amante del Arte y Pola Braunówna en el espectáculo *Noticias en vivo*, ingeniosa crónica de la vida en el gueto llena de alusiones mordaces y atrevidas a los alemanes. Junto a la sala de conciertos había un bar donde quienes preferían la comida y la bebida a las artes podían tomar excelentes vinos y deliciosas *cotelettes de volaille* o *boeuf Stroganoff*. Tanto la sala de conciertos como el bar estaban casi siempre llenos, por lo que yo me defendía bien en esa época y podía satisfacer las necesidades de los seis miembros de mi familia, aunque no sin ciertas dificultades.

Hubiera disfrutado de verdad tocando en el Sztuka, puesto que allí encontré muchos amigos con los que podía hablar entre las actuaciones, si no hubiera sido porque la idea de volver a casa por la noche me ensombrecía la tarde.

Era el invierno de 1941 a 1942, un invierno muy crudo en el gueto. Una marejada de miseria judía rodeaba los islotes de relativa prosperidad que representaban los intelectuales judíos y la ostentosa vida de los especuladores. Los pobres se encontraban ya gravemente debilitados por el hambre y carecían de protección contra el frío, puesto que no podían comprar combustible. Estaban además infestados de parásitos. El gueto hervía de parásitos y no se podía hacer nada. La ropa de la gente con la que uno se cruzaba por la calle estaba infestada de piojos, al igual que el interior de los tranvías y las tiendas. Los piojos se arrastraban por las aceras y por las escaleras, y caían del techo de las oficinas públicas que había que visitar para tantas cosas diferentes. Los piojos encontraban el modo de llegar a los pliegues del periódico y a las monedas del cambio; había piojos incluso en la corteza del pan que uno acababa de comprar. Y cada una de esas criaturas repugnantes podía transmitir el tifus.

Se desató una epidemia en el gueto. La mortalidad por tifus era de cinco mil personas al mes. El tema principal de conversación, tanto entre los ricos como entre los pobres, era el tifus; los pobres se preguntaban cuándo morirían por su causa, mientras que los ricos se preguntaban cómo conseguirían la vacuna del doctor Weigel para protegerse. El doctor Weigel, destacado bacteriólogo, se convirtió en la segunda figura en popularidad después de Hitler: el bien junto al mal, por así decirlo. La gente contaba que los alemanes habían detenido al doctor en Lemberg pero, gracias a Dios, no lo habían asesinado e incluso casi lo habían nombrado alemán honorario. Se decía que le habían ofrecido un excelente laboratorio y una magnífica casa de campo con un coche maravilloso, después de colocarlo bajo la no menos maravillosa supervisión de la Gestapo, para asegurarse de que no huía en lugar de preparar la mayor cantidad posible de vacuna para el ejército alemán del este, infestado de piojos. Por supuesto, se contaba, el doctor Weigel había rechazado casa y coche.

No sé cómo fueron las cosas en realidad. Sólo sé que el doctor vivió, gracias a Dios, y que, una vez que contó a los alemanes el secreto de su vacuna y dejó de serles útil, por algún milagro no fue enviado finalmente a la más maravillosa de todas las cámaras de gas. En cualquier caso, gracias a su invento y a la venalidad de los alemanes, muchos judíos de Varsovia se salvaron de morir de tifus, aunque sólo fuera para morir de otra muerte más adelante.

Yo no me vacuné. No podría haber pagado más que una dosis del suero, que hubiera bastado para mí pero no para el resto de mi familia, y no quería eso.

En el gueto no había forma de enterrar a quienes morían de tifus con rapidez suficiente para ir al mismo ritmo que la mortalidad. Pero tampoco era posible dejar sin más los cadáveres en el interior de las casas. En consecuencia, se llegó a una solución intermedia: se despojaba a los muertos de su ropa —demasiado apreciada por los vivos para dejársela puesta— y se depositaban los cuerpos en las aceras envueltos en papel. A menudo tenían que esperar varios días hasta que iban vehículos del Consejo a recogerlos y los llevaban a las fosas comunes del cementerio. Eran los cadáveres de quienes habían muerto de tifus, y también de quienes morían de hambre, lo que hacía tan terrible mi trayecto de vuelta a casa desde el café.

Era de los últimos en salir, junto con el encargado del café, una vez que se habían hecho las cuentas del día y había recibido mi salario. Las calles estaban oscuras y casi vacías. Encendía la linterna y me mantenía atento a los cadáveres para no tropezar con ellos. El frío viento de enero me helaba la cara o me empujaba, haciendo crujir el papel que envolvía a los muertos, levantándolo hasta dejar a la vista pantorrillas marchitas, vientres hundidos, caras con los dientes al aire y los ojos fijos en el vacío.

Todavía no estaba tan familiarizado con los muertos como llegaría a estarlo después. Caminaba apresurado por las calles, lleno de miedo y asco, para llegar a casa lo antes posible. Mi madre me esperaba con un tazón de alcohol y unas pinzas. Cuidaba la salud de la familia durante esa peligrosa epidemia lo mejor que podía, y no nos dejaba pasar del recibidor hasta habernos quitado con las pinzas, uno a uno, todos los piojos del sombrero, el abrigo y el traje para ahogarlos en alcohol.

En primavera, cuando hubo fraguado mi amistad con Roman Kramsztyk, muchos días no iba derecho a mi casa desde el café, sino a la suya, un piso en la calle Elektoralna donde charlábamos hasta altas horas de la noche. Kramsztyk era un hombre muy afortunado: tenía una pequeña habitación de techo abuhardillado sólo para él en el último piso de un edificio. Había reunido allí todos los tesoros que no le habían saqueado los alemanes: un gran sofá cubierto por un *kilim,* dos valiosas sillas antiguas, una preciosa cómoda renacentista, una alfombra persa, algunas armas antiguas, unas pocas pinturas y objetos de todo tipo que había reunido a lo largo de los años en diferentes partes de Europa, cada uno de los cuales era una pequeña obra de arte en sí mismo y una fiesta para los ojos. Era estupendo sentarse en la pequeña habitación, bajo la suave luz dorada de una lámpara cuya pantalla era obra de Roman, a beber café y charlar animadamente. Antes de que se hiciera de noche salíamos al balcón a respirar un poco de aire fresco, más puro allí arriba que en las sucias y sofocantes calles. Se acercaba el toque de queda. La gente se había ido a casa y había cerrado la puerta; el sol primaveral, ya muy bajo, teñía de rosa los tejados de zinc, bandadas de palomas blancas cruzaban el cielo azul y desde el cercano Ogród Saski (Jardín Sajón) el aroma de las lilas se abría paso hasta nosotros en el barrio de los condenados.

Era la hora de los niños y de los locos. Roman y yo mirábamos hacia abajo, hacia la calle Elektoralna, para ver a la «dama de las plumas», como llamábamos a nuestra loca. Su aspecto era poco habitual. Llevaba las mejillas de color rojo brillante y se dibujaba unas cejas de un centímetro de grosor de una sien a la otra con un lápiz de *kohl.* Lucía una vieja cortina de terciopelo verde sobre su harapiento vestido negro, y de su sombrero de paja surgía una enorme pluma malva de avestruz que se balanceaba con suavidad al ritmo de sus pasos rápidos e inestables. Detenía a los viandantes que encontraba en su camino con una educada sonrisa y les preguntaba por su marido, asesinado en presencia suya por los alemanes.

—Perdone, ¿ha visto por casualidad a Izaak Szerman? Es un hombre alto y guapo, con barba gris.

Entonces se quedaba mirando fijamente a la cara de la persona a la que había parado y, al confirmar la respuesta negativa, lanzaba un sollozo de desilusión. El dolor distorsionaba por un instante su expresión, que casi de inmediato se suavizaba con una sonrisa, cortés pero forzada.

—¡Le ruego que me disculpe! —decía, y seguía su camino sacudiendo la cabeza, a medias preocupada por haberle robado a alguien su tiempo y a medias sorprendida de que ese alguien no conociera a su esposo Izaak, un caballero tan guapo y encantador.

Era también hacia esa hora cuando un hombre llamado Rubinstein solía pasar por la calle Elektoralna, harapiento y despeinado, con las ropas ondeando en todas direcciones. Blandía un bastón y, entre brincos y saltos, canturreaba y murmuraba para sí. Era muy popular en el gueto. Uno podía saber que se acercaba desde bastante distancia al oír su inevitable grito:

—¡Ánimo, muchacho!

Pretendía llevar un poco de optimismo a la gente haciéndola reír. Sus bromas y comentarios cómicos circulaban por todo el gueto, extendiendo la alegría. Una de sus especialidades era acercarse a los centinelas alemanes, dando brincos y gesticulando a su alrededor, y llamarles «tunantes, bandidos, pandilla de ladrones» y toda clase de cosas más obscenas. A los alemanes esto les resultaba gracioso, y a menudo lanzaban cigarrillos y monedas a Rubinstein a cambio de sus insultos; después de todo, uno no se podía tomar en serio a semejante loco.

Yo no estaba tan seguro de eso como los alemanes y, al día de hoy, no sé si Rubinstein era en realidad uno de los muchos que habían perdido la cabeza a causa de las penalidades sufridas o simplemente se hacía el loco para escapar de la muerte. Aunque no lo logró.

Los locos no hacían caso del toque de queda; carecía de significado para ellos, igual que para los niños. Esos espectros de niño que surgían de los sótanos, callejones y portales donde dormían, espoleados por la esperanza de despertar compasión en el corazón de los hombres con las últimas horas del día. Se quedaban de pie junto a las farolas, los muros de los edificios o en la calle, con la cabeza levantada y repitiendo entre gimoteos que tenían hambre. Los más dotados para la música cantaban. Con vocecilla débil entonaban la balada del joven soldado herido en combate; abandonado por todos en el campo de batalla, grita «¡Madre!» en el momento de morir. Pero la madre no está allí, sino muy lejos, y no sabe que su hijo se muere; sólo la tierra acompaña al desventurado en su sueño eterno, meciéndolo con el susurro de los árboles y la hierba: «Duerme, hijo. Duerme, mi amor». Una flor que cae de un árbol sobre el pecho del joven muerto es su única condecoración.

Otros niños intentaban apelar a la conciencia de los transeúntes con súplicas:

—Tenemos hambre... Llevamos mucho tiempo sin comer. Denos un poco de pan o, si no tiene pan, una patata o una cebolla, sólo para que podamos mantenernos vivos hasta mañana.

Pero casi nadie tenía esa cebolla y, si la hubiera tenido, tampoco se la habría dado, porque la guerra había convertido en piedra muchos corazones.

2 La guerra

El 31 de agosto de 1939 todo el mundo en Varsovia llevaba ya cierto tiempo convencido de que la guerra con los alemanes era inevitable. Sólo los optimistas incorregibles seguían abrigando la ilusión de que la resuelta postura de Polonia disuadiera a Hitler en el último momento. El optimismo de las demás personas se manifestaba, tal vez de modo subconsciente, como oportunismo: una convicción profunda, contraria a toda lógica, de que aunque la guerra iba a llegar —eso estaba decidido desde hacía tiempo— su estallido se retrasaría y se podría vivir en plenitud un poco más. Después de todo, la vida era buena.

La ciudad se mantenía en total oscuridad por la noche. La gente sellaba las habitaciones que pensaba utilizar como refugios y se probaba las máscaras antigás. Se temía más al gas que a ninguna otra cosa.

Mientras tanto, las bandas seguían tocando detrás de los cristales oscurecidos de los cafés y los bares, donde los clientes bebían, bailaban y avivaban sus sentimientos patrióticos entonando canciones de guerra. La oscuridad total, la posibilidad de pasear con una máscara de gas en bandolera, la vuelta a casa de noche en taxi por unas calles que de repente parecían distintas añadían cierta chispa a la vida, sobre todo porque aún no había peligro real.

Todavía no se había creado el gueto y yo vivía con mis padres y hermanos en la calle Sliska; trabajaba de pianista en la radio oficial polaca. Ese último día de agosto llegué tarde a casa y, como estaba cansado, me fui derecho a la cama. Vivíamos en una tercera planta, con todas sus ventajas: en las noches de verano no nos llegaban el polvo y los olores de la calle, sino que por las ventanas entraba un aire refrescante, cargado de humedad procedente del río Vístula.

Me despertó el ruido de las explosiones. Ya era casi de día. Miré la hora: las seis. Los estampidos no eran muy fuertes y parecían más bien lejanos; sonaban fuera de la ciudad, en cualquier caso. Era evidente que se estaban desarrollando maniobras militares; en los últimos días nos habíamos acostumbrado a ellas. A los pocos minutos cesaron las explosiones. Pensé en volver a dormirme, pero había ya demasiada luz. Decidí leer hasta la hora del desayuno.

Debían de ser como mínimo las ocho cuando se abrió la puerta del dormitorio y apareció mi madre, vestida como si estuviera a punto de salir. La encontré más pálida de lo normal y no pudo ocultar cierto desagrado cuando me vio todavía en la cama, leyendo. Abrió la boca, pero cuando iba a hablar le falló la voz y tuvo que aclararse la garganta. Luego dijo, en tono nervioso y apresurado:

—¡Levántate! La guerra... ha empezado la guerra.

Decidí ir directamente a la emisora de radio, donde encontraría a mis amigos y escucharía las últimas noticias. Me vestí, desayuné y salí de casa.

Ya se veían grandes carteles blancos en los muros de los edificios y los postes para anuncios: contenían el mensaje del presidente a la nación en el que se informaba de que los alemanes habían atacado. Algunas personas formaban corrillos en torno a ellos y los leían, mientras que otras se dispersaban a toda prisa en distintas direcciones para atender sus asuntos más urgentes. La propietaria de la tienda de comestibles que había cerca de nuestra casa estaba pegando tiras de papel blanco sobre los escaparates, con la esperanza de que eso los mantuviera intactos durante el bombardeo que se avecinaba. Mientras, su hija decoraba las fuentes de ensalada de huevo, jamón y rodajas de salchicha con banderitas nacionales y retratos de dignatarios polacos. Los repartidores de periódicos corrían sin aliento por las calles vendiendo ediciones especiales.

No había pánico. La atmósfera oscilaba entre la curiosidad —¿qué ocurriría a continuación?— y la sorpresa: ¿era así como había comenzado todo?

Un caballero de pelo gris, muy bien afeitado, permanecía clavado junto a uno de los postes con el anuncio presidencial. Su agitación era visible en las brillantes manchas rojas que le cubrían la cara y el cuello, y se había echado hacia atrás el sombrero, algo que con toda seguridad nunca habría hecho en condiciones normales. Estudiaba el anuncio, sacudía la cabeza con incredulidad y seguía leyendo, afianzándose los quevedos sobre la nariz. Leyó en voz alta unas cuantas palabras, indignado:

—¡Nos han atacado... sin avisar!

Miró a su alrededor para ver la reacción de sus vecinos, levantó una mano, volvió a ajustarse los quevedos y comentó:

—¡Verdaderamente, no es forma de comportarse!

Y mientras se alejaba, después de haber leído todo una vez más y todavía incapaz de controlar su agitación, sacudía la cabeza y murmuraba:

—¡No, no, no se puede consentir!

Mi casa estaba bastante cerca de la emisora, pero no fue en absoluto fácil llegar hasta allí; el recorrido me llevó el doble del tiempo normal. Estaba a mitad de camino cuando se oyó un ulular de sirenas por los altavoces instalados en las farolas, en los escaparates y a la entrada de las tiendas. Sonó la voz de un locutor de radio:

—Aviso de alarma para la ciudad de Varsovia... ¡Estén alerta! Ahora están en camino...

A continuación el locutor leyó una relación de números y letras del alfabeto en cifra militar que cayó en los oídos de los civiles como una misteriosa amenaza cabalística. ¿Correspondían las cifras al número de aviones en camino? ¿Eran las letras el código de los lugares donde estaban a punto de lanzarse las bombas? ¿Era el sitio donde nos encontrábamos uno de esos lugares?

La calle se vació con rapidez. Las mujeres corrieron a toda prisa hacia los refugios. Los hombres no querían bajar; se quedaron de pie a la entrada, maldiciendo a los alemanes, haciendo grandes demostraciones de valor y descargando su cólera contra el gobierno por haber hecho la movilización tan mal que sólo un pequeño número de los hombres aptos para el servicio habían sido llamados a filas. El resto iba de una dependencia militar a otra sin conseguir entrar en el ejército por ningún medio.

No se oía otra cosa en las calles vacías y sin vida que las discusiones entre los vigilantes contra ataques aéreos y quienes insistían en salir de los portales de las casas para hacer algo e intentaban seguir su camino manteniéndose pegados a los muros. Al poco rato hubo más explosiones, pero todavía no demasiado cercanas.

Llegué al centro de emisión en el preciso instante en que saltaba la alarma por tercera vez. Pero ninguna de las personas que estaban dentro del edificio tenía tiempo para ir a los refugios antiaéreos cada vez que sonaba.

La programación de la emisora era un caos. Tan pronto como se conseguía hilvanar a toda prisa algo parecido a un programa, llegaban anuncios importantes que transmitir, desde el frente o de índole diplomática. Había que interrumpir todo para emitir esas noticias con la mayor celeridad posible, mezcladas con marchas militares e himnos patrióticos.

Reinaba también la confusión absoluta en los pasillos del centro, donde prevalecía una atmósfera de suficiencia beligerante. Uno de los locutores que habían sido llamados a filas fue a despedirse de sus compañeros y a lucir su uniforme. Probablemente pensaba que todos iban a rodearlo para componer una escena de despedida conmovedora y edificante, pero se llevó un chasco: nadie tuvo tiempo de prestarle mucha atención. Se quedó allí de pie, intentando abordar a los compañeros que pasaban apresurados y conseguir que se emitiera al menos una parte de su programa, titulado *Despedida de un civil,* para poder contárselo a sus nietos algún día. No sabía que dos semanas después ni siquiera tendrían tiempo para él, tiempo para honrar su memoria con un funeral en regla.

Fuera del estudio me tocó en el brazo un viejo pianista que trabajaba en la emisora. El querido profesor Urzstein. Mientras que otras personas miden su vida por días y horas, él midió la suya durante décadas por acompañamientos de piano. Cuando el profesor intentaba recordar algún detalle de un acontecimiento del pasado, decía:

—Veamos. En esa época yo acompañaba esto y aquello...

Una vez que había puesto fecha a un acompañamiento concreto, como un mojón en el camino, dejaba que su memoria ordenara los demás recuerdos, siempre menos importantes. Allí estaba ahora, aturdido y desorientado, a la puerta del estudio. ¿Cómo se iba a hacer esta guerra sin acompañamiento de piano? ¿Cómo sería?

Perplejo, empezó a quejarse:

—No van a decirme si tengo que trabajar hoy...

Esa misma tarde estábamos los dos trabajando, cada uno a su piano. Seguía habiendo emisiones de música, aunque no con los programas habituales.

A mitad de la jornada algunos sentimos hambre y salimos de la emisora para almorzar en un restaurante cercano. El aspecto de las calles era casi normal. Había mucho tráfico de tranvías, coches y peatones en las vías principales; las tiendas estaban abiertas y, como el alcalde había hecho un llamamiento a la población para que no acaparara alimentos, asegurándonos que tal cosa era innecesaria, ni siquiera había colas en el exterior. Los vendedores ambulantes hacían buen negocio ofreciendo figuras de papel con la efigie de un cerdo que, al juntar el papel y desplegarlo de determinada manera, se convertía en la cara de Hitler.

Conseguimos mesa en el restaurante, no sin ciertas dificultades, y resultó que faltaban varios de los platos normales de la carta y otros estaban bastante más caros de lo habitual. Los especuladores habían empezado ya a trabajar.

La conversación giró en torno a la declaración de guerra por parte de Francia y Gran Bretaña, que se esperaba para muy pronto. La mayoría de los presentes, a excepción de unos pocos pesimistas empedernidos, estábamos convencidos de que entrarían en la guerra en cualquier momento, y bastantes pensábamos que también Estados Unidos declararía la guerra a Alemania. Se extrajeron argumentos de las experiencias de la Gran Guerra, y reinaba la sensación general de que la única finalidad de ese conflicto había sido mostrarnos cómo conducir mejor el presente y hacer las cosas bien esta vez.

La declaración de guerra de Francia y Gran Bretaña se hizo realidad el 3 de septiembre.

Me encontraba todavía en casa, aunque eran ya las once. Teníamos todo el día la radio encendida para no perdernos ni una palabra de las importantísimas noticias. Los comunicados que llegaban del frente no se ajustaban a lo que habíamos previsto. Nuestra caballería había atacado Prusia oriental y nuestra aviación bombardeaba objetivos militares alemanes, pero al mismo tiempo la superioridad militar del enemigo obligaba al ejército polaco a retirarse de aquí o de allá. ¿Cómo era posible semejante cosa cuando, según nuestra propaganda, los aviones y los tanques alemanes eran de cartón y funcionaban con un combustible sintético que ni siquiera servía para los encendedores? Ya habían sido derribados varios aviones alemanes en vuelo sobre Varsovia, y los testigos presenciales afirmaban en sus relatos que habían visto los cadáveres de los aviadores enemigos vestidos con uniformes y calzado de papel. ¿Cómo era posible que unas tropas tan mal equipadas nos obligaran a retirarnos? Era absurdo.

Mi madre iba y venía por el cuarto de estar, mi padre hacía ejercicios al violín y yo leía en un sillón, cuando se interrumpió de súbito algún programa intrascendente y una voz dijo que estaba a punto de hacerse un anuncio de la máxima importancia. Mi padre y yo corrimos hacia el receptor mientras mi madre iba a la habitación de al lado a llamar a mis dos hermanas y mi hermano. Mientras tanto, en la radio sonaban marchas militares. El locutor repitió el aviso, se reanudaron las marchas y otra vez se anunció el inminente comunicado. Ya casi no podíamos soportar la tensión nerviosa cuando por fin sonó el himno nacional polaco, seguido del británico. Entonces nos enteramos de que ya no nos enfrentábamos solos al enemigo: teníamos un poderoso aliado y la guerra se iba a ganar con toda seguridad, aunque habría altibajos y nuestra situación tal vez no fuera demasiado buena por el momento.

Es difícil describir la emoción que sentimos al oír ese anuncio por la radio. Mi madre tenía los ojos llenos de lágrimas, mi padre sollozaba abiertamente y mi hermano Henryk no perdió la oportunidad de meterse conmigo y dijo, de bastante mal humor:

—¿Lo ves? ¿No te lo había dicho?

A Regina no le gustó vernos discutir en un momento así e intervino en tono calmado:

—¡Por favor, dejadlo ya! Todos sabíamos que tenía que ocurrir. —Hizo una pausa y añadió—: Es la consecuencia lógica de los tratados.

Regina era abogada y experta en esos temas, así que no se podía discutir con ella.

Halina se había sentado junto a la radio y trataba de sintonizar una emisora de Londres; quería confirmar de primera mano la noticia.

Mis hermanas eran los dos miembros más sensatos de la familia. ¿Quién las seguía? En todo caso, mi madre; pero incluso ella resultaba emocional en comparación con Regina y Halina.

Cuatro horas después Francia declaraba la guerra a Alemania. Esa tarde mi padre insistió en unirse a la manifestación ante el edificio de la embajada británica. A mi madre no le hacía feliz la idea, pero él estaba decidido a ir. Volvió en un estado de gran agitación, con el pelo revuelto por la presión de la muchedumbre. Había visto a nuestro ministro de asuntos exteriores y a los embajadores británico y francés, y había gritado y cantado con todos los demás, pero de repente habían pedido a la multitud que se dispersara con la mayor rapidez posible porque podía haber un ataque aéreo. Fue tanta la energía con que los manifestantes hicieron lo que se les decía, que mi padre estuvo a punto de asfixiarse. Con todo, se sentía muy feliz y optimista.

Por desgracia, nuestra alegría duró poco. Los comunicados del frente se hicieron cada vez más alarmantes. El 7 de septiembre, un poco antes del amanecer, sonaron fuertes golpes en la puerta de nuestro piso. Al abrir vimos al vecino de enfrente, médico, vestido con botas altas militares, cazadora y gorra, y cargado con una mochila. Aunque tenía mucha prisa, se había sentido en la obligación de hacernos saber que los alemanes avanzaban sobre Varsovia, el gobierno se había trasladado a Lublin, y todos los hombres sanos tenían que dejar la ciudad y dirigirse al otro lado del río Vístula, donde se iba a organizar una nueva línea de defensa.

Al principio ninguno lo creímos. Decidí obtener información de algún otro vecino. Henryk encendió la radio pero sólo había silencio: la emisora había dejado de transmitir.

No pude encontrar a muchos vecinos. Algunos pisos estaban cerrados y en otros las mujeres hacían el equipaje de sus maridos o hermanos, lloraban y se preparaban para lo peor. No había duda de que el doctor nos había dicho la verdad.

Enseguida resolví quedarme. No tenía sentido vagar sin rumbo fuera de la ciudad; si iba a morir prefería que fuera en casa. Y después de todo, pensé, alguien tenía que cuidar de mi madre y mis hermanas si mi padre y Henryk se iban. Pero cuando lo hablamos entre todos descubrí que ellos también habían decidido quedarse.

El sentido del deber de mi madre la llevó a intentar convencernos de que dejáramos la ciudad a pesar de todo. Posaba un instante su mirada llena de espanto sobre cada uno de nosotros, formulando nuevos argumentos a favor de que saliéramos de Varsovia. Sin embargo, cuando insistimos en quedarnos, sus bellos y expresivos ojos mostraron un alivio y una satisfacción instintivos: ocurriera lo que ocurriera, era mejor que permaneciéramos juntos.

Esperé hasta las ocho y entonces salí; encontré la ciudad irreconocible. ¿Cómo podía haber cambiado de aspecto tanto, tan completamente, en sólo unas horas?

Todas las tiendas estaban cerradas. No había tranvías en las calles, sólo coches, abarrotados de gente y lanzados a gran velocidad, que circulaban todos en la misma dirección: hacia los puentes sobre el Vístula. Por la calle Marszalkowska marchaba un destacamento de soldados. Tenían aire retador e iban cantando, pero resultaba claro que la disciplina era más relajada de lo habitual: cada uno le había dado a su gorra una inclinación diferente, llevaban la carabina de cualquier manera y no marcaban el paso. Algo en su expresión indicaba que habían salido a combatir por iniciativa propia, por así decirlo, y habían dejado hacía tiempo de formar parte de una maquinaria de precisión y en perfecto funcionamiento como es el ejército.

Dos chicas jóvenes les lanzaban desde la acera flores rosas, y repetían una y otra vez un grito histérico. Nadie les hacía caso. La gente corría, y era evidente que todo el mundo pensaba cruzar el Vístula y sólo tenía unas pocas cosas importantes que le preocupaba hacer antes de que los alemanes empezaran a atacar.

La gente tenía además un aspecto diferente que la noche anterior. ¡Varsovia era una ciudad tan elegante! ¿Qué había sido de todas las damas y caballeros vestidos como si acabaran de salir de una revista de modas? Quienes se dispersaban ahora en todas direcciones parecían disfrazados de cazadores o turistas. Llevaban botas altas, botas de esquí, pantalones de esquí, pantalones de montar, pañuelos en la cabeza, bastones, y transportaban bultos y mochilas. No se habían tomado la molestia de procurarse un aspecto civilizado, y se habían vestido sin ningún cuidado y con evidente precipitación.

Las calles, tan limpias el día anterior, estaban llenas de basura y suciedad. En las bocacalles había soldados sentados o tumbados en la acera, los bordillos o la calzada: acababan de volver del frente, y tanto su cara como su porte y sus gestos acusaban un agotamiento y una desmoralización extremos. Exageraban incluso su desmoralización para que los viandantes supieran que la razón por la que estaban allí y no en el frente era que no valía la pena estar en el frente. Era inútil. Pequeños grupos comunicaban las noticias que habían podido arrancar a los soldados sobre los campos de batalla. Eran todas malas.

Miré a mi alrededor de manera instintiva buscando los altavoces. ¿Los habían quitado? No, seguían allí pero habían emmudecido.

Fui corriendo hasta la emisora. ¿Por qué no se emitían proclamas? ¿Por qué nadie trataba de dar ánimos a la gente y detener el éxodo en masa? Las instalaciones estaban clausuradas. La dirección había abandonado la ciudad y sólo habían quedado los cajeros, para pagar a toda prisa a los empleados y a los artistas el salario de tres meses como despido.

—¿Qué se supone que vamos a hacer ahora? —pregunté agarrando por el brazo a uno de los administradores.

Me miró sin comprender y vi en sus ojos el desprecio, que dio paso a la cólera cuando se zafó de mi mano.

—¿A quién le importa? —gritó, encogiéndose de hombros y saliendo de dos zancadas a la calle después de dar un furioso portazo.

Era insoportable.

Nadie podía convencer a toda esa gente de que no huyera. Los altavoces de las farolas habían enmudecido y nadie limpiaba la suciedad de las calles. ¿Suciedad o pánico? ¿O la vergüenza de huir en lugar de luchar?

La dignidad que había perdido de golpe la ciudad no podía restablecerse. *Eso* era la derrota.

Descorazonado, me fui a casa.

Al anochecer del día siguiente la primera bomba lanzada por la artillería alemana alcanzó el almacén de madera que había frente a nuestra casa. Los escaparates de la tienda de la esquina, con sus tiras de papel blanco pegadas con tanto esmero, fueron los primeros en caer.

3   Los primeros alemanes

A lo largo de los días siguientes, por fortuna, la situación mejoró mucho. Se declaró a la ciudad plaza fuerte y se nombró un comandante, que hizo un llamamiento a la población para que permaneciera donde estaba y se aprestara a la defensa de Varsovia. Se estaba organizando un contraataque de las tropas polacas al otro lado del recodo del río y, mientras tanto, teníamos que contener al grueso del ejército enemigo en Varsovia hasta que llegaran nuestros hombres a relevarnos. También estaba mejorando la situación en los alrededores de Varsovia; la artillería alemana había dejado de bombardear la ciudad.

Pero, al mismo tiempo, aumentaban los ataques aéreos enemigos. Ya no sonaban las alarmas antiaéreas; habían paralizado la ciudad y sus preparativos de defensa durante demasiado tiempo. Casi cada hora aparecían por encima de nosotros las formas plateadas de los bombarderos en el cielo insólitamente azul de ese otoño y veíamos las humaredas blancas de los proyectiles antiaéreos que les lanzaba nuestra artillería. Entonces teníamos que bajar a toda prisa a los refugios. Ahora iba en serio: toda la ciudad estaba siendo bombardeada. El suelo y las paredes de los refugios antiaéreos vibraban, y que cayera una bomba en el edificio bajo el cual se ocultaba uno significaba la muerte segura: la bala en ese macabro juego de ruleta rusa. Circulaban ambulancias a todas horas por la ciudad y, cuando no eran suficientes, se complementaban con taxis o incluso vehículos de tracción animal, que transportaban a los muertos y los heridos sacados de entre los escombros.

La moral de la población era alta y el entusiasmo aumentaba de hora en hora. Habíamos dejado de confiar en la suerte y en la iniciativa individual, como el 7 de septiembre. Ahora éramos un ejército con comandantes y municiones; compartíamos un objetivo —la autodefensa— y el éxito o el fracaso dependía de nosotros. Sólo teníamos que poner en juego toda nuestra fuerza.

El general al mando de la plaza hizo un llamamiento a la población para que cavara trincheras en torno a la ciudad con el fin de impedir el avance de los tanques alemanes. Todos en la familia nos ofrecimos voluntarios para cavar: sólo nuestra madre se quedaba en casa por las mañanas para ocuparse de las tareas domésticas y preparar la comida.

Estuvimos cavando a lo largo de la falda de una colina en las afueras. Teníamos un atractivo barrio residencial de casas con jardín a nuestra espalda y un parque municipal lleno de árboles frente a nosotros. Habría resultado un trabajo bastante agradable si no hubiera sido por las bombas que nos lanzaban. Aunque no eran muy certeras y caían a relativa distancia, resultaba incómodo oírlas silbar mientras trabajábamos en la trinchera, sabiendo que una de ellas podía acertarnos.

El primer día había un anciano judío con caftán y *yarmulka*[1] traspalando tierra a mi lado. Cavaba con fervor bíblico, abalanzándose sobre la pala como si fuera un enemigo mortal y echan-

---

[1] Nombre, en yídish, del casquete que utilizan los judíos ortodoxos y conservadores. *(N. de la T.)*

do espumarajos por la boca, con el pálido rostro empapado de sudor, el cuerpo tembloroso y los músculos en tensión. Le rechinaban los dientes mientras trabajaba, todo él convertido en un torbellino de caftán y barba. Su tenaz esfuerzo, que superaba con mucho su capacidad normal, producía unos resultados escasísimos. La punta de su pala apenas penetraba en el barro endurecido, y los terrones secos y amarillos que conseguía extraer volvían a deslizarse dentro de la zanja antes de que el pobre hombre, con un esfuerzo sobrehumano, descargara la pala fuera de la trinchera. A cada rato se apoyaba contra la pared de tierra en un acceso de tos. Pálido como un muerto, bebía a sorbitos la infusión de menta que hacían para refrescar a los trabajadores las mujeres mayores que, demasiado débiles para cavar, querían ser útiles de alguna forma.

—Se está esforzando demasiado —le dije en uno de sus descansos—. En realidad, no debería usted estar cavando porque no tiene fuerza suficiente —preocupado por él, intentaba convencerlo para que lo dejara. Era evidente que no estaba en condiciones de hacer ese trabajo—. Además, después de todo, nadie le pide que cave.

Me miró, respirando todavía con dificultad, y enseguida levantó la vista hacia el cielo, una tranquila extensión azul zafiro en la que seguían flotando las nubecillas blancas dejadas por la metralla; en sus ojos brilló una expresión de éxtasis, como si estuviera viendo a Jehová en toda su majestad allá en el cielo.

—Tengo una tienda —musitó. Lanzó un profundo suspiro que se rompió en un sollozo. En su cara se dibujaba la desesperación cuando volvió a la pala, fuera de sí por el esfuerzo.

Dejé de cavar después de dos días. Había oído que la emisora de radio estaba transmitiendo otra vez con un nuevo director, Edmund Rudnicki, que había sido jefe del departamento de música. No había huido como los demás, sino que había vuelto a reunir a sus compañeros dispersos para reabrir la emisora. Llegué a la conclusión de que sería más útil allí que cavando, y así fue: toqué mucho, como solista y como acompañante.

Las condiciones en la ciudad empezaron a deteriorarse en proporción inversa, se podría decir, al aumento del valor y la determinación de sus gentes.

La artillería alemana comenzó a bombardear de nuevo Varsovia, primero los suburbios y luego también el centro de la ciudad. Cada vez más edificios perdían los cristales de las ventanas, se abrían agujeros redondos en los muros por los impactos y se derrumbaban las esquinas de mampostería. De noche el cielo enrojecía con el resplandor de los incendios y el aire olía a quemado. Era lo único en lo que se había equivocado Starzynski, el heroico alcalde de la ciudad: no debería haber recomendado a la gente que no acumulara alimentos. Ahora la ciudad carecía de comida no sólo para sus habitantes, sino también para los soldados atrapados en ella y para el ejército de Poznan, que se había abierto paso hasta Varsovia desde el oeste para reforzar la defensa.

Hacia el 20 de septiembre nuestra familia se trasladó al completo desde el piso de la calle Sliska hasta el de unos amigos que vivían en la primera planta de una casa de la calle Panska. A ninguno de nosotros nos gustaban los refugios antiaéreos. En el sótano el aire era tan sofocante que apenas se podía respirar, y el techo tan bajo que parecía que se fuera a caer en cualquier momento, sepultando todo lo que había en su interior con las ruinas de un edificio de varias plantas encima. Pero era difícil aguantar en nuestro piso de la tercera planta. Oíamos el silbido de las bombas cuando pasaban por delante de las ventanas, que habían perdido los cristales, y una de ellas podía chocar con nuestro edificio en su camino por el cielo. Decidimos que una primera planta sería mejor: las bombas caerían en los pisos superiores y explotarían allí, y nosotros no tendríamos que bajar al sótano. Al piso de nuestros amigos habían acudido también otras personas: estaba abarrotado y tuvimos que dormir en el suelo.

Entretanto el sitio de Varsovia, primer capítulo de la historia trágica de la ciudad, se acercaba a su fin.

Cada vez me resultaba más difícil llegar al centro de emisión. Esparcidos por las calles había cadáveres de personas y caballerías destrozados por la metralla, zonas enteras de la ciudad estaban en llamas y, con el sistema de abastecimiento de agua averiado por la artillería y las bombas, no se podía hacer nada para apagar los incendios. Tocar en el estudio también era peligroso. La artillería alemana estaba bombardeando los lugares más importantes de la ciudad y, tan pronto como un locutor comenzaba a anunciar un programa, las baterías alemanas abrían fuego contra la emisora.

Durante esta penúltima etapa del sitio, el miedo histérico de la población a los sabotajes alcanzó su cenit. Cualquiera podía ser acusado de espionaje y recibir un disparo en cualquier momento, sin tiempo para explicarse.

En la cuarta planta del edificio al que nos habíamos trasladado para estar con nuestros amigos vivía una anciana soltera, profesora de música. Tuvo la mala suerte de llevar el apellido Hoffer y ser valiente. Su valor podría describirse también como excentricidad. Ningún ataque aéreo o bombardeo consiguió convencerla de que bajara al refugio en lugar de hacer sus dos horas diarias de ejercicios al piano antes de almorzar. Tenía en el balcón una jaula con pájaros a los que daba de comer tres veces al día con obstinada regularidad. Esta actitud vital resultaba sumamente extraña en la ciudad sitiada de Varsovia. A las sirvientas del edificio les parecía muy sospechosa. Se reunían en la portería para sus conversaciones políticas. Después de muchos dimes y diretes llegaron a la firme conclusión de que una profesora de nombre tan inequívocamente alemán tenía que ser alemana, y sus interpretaciones al piano un código secreto mediante el cual enviaba señales a los pilotos de la Luftwaffe para decirles dónde dejar caer las bombas. En un instante las acaloradas mujeres subieron al piso de la excéntrica anciana, la ataron y la condujeron escaleras abajo para encerrarla en uno de los sótanos, junto con los pájaros que eran la prueba de su sabotaje. Sin saberlo le salvaron la vida: pocas horas después cayó una bomba en su piso y lo destruyó por completo.

Toqué ante un micrófono por última vez el 23 de septiembre. Ni siquiera sé cómo llegué a la emisora aquel día. Corría de la entrada de un edificio a la de otro, me ocultaba y volvía a salir corriendo a la calle cuando creía que ya no oía silbar las bombas cerca de mí. A la entrada de la emisora me encontré con el alcalde, Starzynski. Con el pelo revuelto y sin afeitar, su cara mostraba una expresión de mortal agotamiento. Llevaba días sin dormir. Era el corazón y el alma de la defensa, el verdadero héroe de la ciudad. Sobre sus hombros descansaba toda la responsabilidad del destino de Varsovia. Estaba en todas partes: recorría las trincheras, supervisaba la construcción de barricadas, la organización de hospitales, la distribución equitativa de la poca comida que había, las defensas antiaéreas, la extinción de incendios, y aún encontraba tiempo para dirigirse diariamente a la población. Todo el mundo esperaba ansioso sus discursos y extraía valor de ellos: no había razón para que nadie se descorazonara mientras el alcalde no tuviera dudas. A pesar de todo, la situación no parecía demasiado mala. Los franceses habían roto la línea Sigfrido, la aviación británica había bombardeado Hamburgo con gran intensidad y el ejército británico desembarcaría en Alemania en cualquier momento. O eso pensábamos.

En ese mi último día en la radio estaba dando un recital de Chopin. Fue la última emisión de música en directo desde Varsovia. Mientras toqué, todo el tiempo estuvieron explotando bombas cerca de la emisora y se incendiaron edificios muy próximos a nosotros. Apenas podía oír el sonido del piano entre el ruido. Después del recital tuve que esperar dos horas hasta que el bombardeo amainó lo suficiente para que pudiera llegar a mi casa. Mis padres y mis hermanos debieron de pensar que había muerto, y me recibieron como si acabara de salir de la tumba. Nuestra sirvienta fue la única persona a la que le pareció innecesaria tanta preocupación.

—Al fin y al cabo, llevaba sus papeles en el bolsillo —señaló—. Si hubiera muerto habrían sabido dónde traerlo.

Ese mismo día, a las tres y cuarto de la tarde, Radio Varsovia desapareció de las ondas. Se emitía una grabación del *Concierto para piano en do mayor* de Rachmaninof y, cuando estaba terminando su segundo movimiento, hermoso y apacible, una bomba destruyó la central eléctrica. Los altavoces enmudecieron en toda la ciudad. Al anochecer, a pesar de que el fuego de artillería volvió a intensificarse, intenté trabajar en la composición de mi concierto breve para piano y orquesta. Seguí trabajando en él el resto de septiembre, aunque cada vez me resultaba más difícil hacerlo.

Cuando cayó la oscuridad esa noche, me asomé a la ventana. La calle, roja por el resplandor de los incendios, estaba vacía y no había otro sonido que el eco de las explosiones de bombas. Hacia la izquierda la calle Marszalkowska estaba en llamas, lo mismo que la calle Krolewska y la plaza Grzybowski a nuestra espalda, y la calle Sienna enfrente. Pesadas masas de humo de color rojo sanguinolento surgían de los edificios. Las calzadas y aceras aparecían salpicadas de octavillas blancas alemanas; nadie las recogía porque se decía que estaban envenenadas. Había dos cadáveres bajo una farola en la encrucijada, uno con los brazos abiertos y el otro encogido como si durmiera. A la puerta de nuestro edificio yacía el cadáver de una mujer al que le faltaban la cabeza y un brazo. Junto a él, un cubo volcado: la infortunada había ido a buscar agua al pozo. Su sangre corría por el bordillo formando un reguero largo y oscuro que se perdía en una alcantarilla cubierta por un enrejado.

Un cabriolé avanzaba con cierta dificultad por la calzada; procedía de la calle Wielka y se dirigía a la calle Zelazna. Era difícil imaginar cómo había llegado hasta allí, y por qué caballo y cochero parecían tan tranquilos, como si no pasara nada a su alrededor. El hombre detuvo el caballo en la esquina de la calle Sosnowa, como si dudara entre girar o seguir recto. Tras una breve reflexión eligió seguir hacia delante; chascó la lengua y el caballo se puso al trote. Estaban a diez pasos de la esquina cuando se oyó un silbido, seguido de un estruendo, y la calle se iluminó con un fogonazo; me quedé aturdido. Cuando mis ojos se acostumbraron de nuevo a la penumbra ya no había cabriolé, sino astillas, restos de ruedas y ejes, trozos de tapicería, y los cuerpos del cochero y el caballo destrozados junto a los muros de los edificios. Si hubiera girado hacia la calle Sosnowa...

Llegaron los terribles 25 y 26 de septiembre. El ruido de las explosiones se confundía con el tronar constante de los cañones y era atravesado por el estampido de aviones en picado que sonaban como taladros eléctricos haciendo agujeros en una plancha de hierro. El aire estaba cargado de humo y del polvo de los ladrillos y la argamasa desmenuzados. Llegaba a todas partes y ahogaba a quienes se habían encerrado en los sótanos o en sus casas para mantenerse lo más alejados posible de la calle.

No sé cómo sobreviví a esos dos días. Un trozo de metralla mató a alguien que estaba sentado a mi lado en el dormitorio de nuestros amigos. Pasé dos noches y un día con otras diez personas de pie en un cuarto de aseo minúsculo. A las pocas semanas, cuando nos preguntamos cómo había sido posible y nos estrujamos intentando meternos allí de nuevo, vimos que sólo cabían ocho personas, a menos que temieran por su vida.

Varsovia se rindió el miércoles 27 de septiembre.

Pasaron dos días antes de que me atreviera a salir a la ciudad. Volví a casa abatido por completo: la ciudad ya no existía, o al menos eso pensaba yo en mi inexperiencia.

Nowy Swiat era un estrecho callejón que serpenteaba entre montones de escombros. En todas las esquinas tuve que rodear barricadas construidas con tranvías volcados y adoquines arrancados. Había cuerpos en descomposición amontonados en las calles. La gente, enferma de hambre como consecuencia del sitio, se lanzaba sobre las caballerías muertas. Las ruinas de muchos edificios humeaban todavía.

Estaba en la Aleje Jerozolimskie cuando vi acercarse una motocicleta que venía del Vístula. En ella iban dos soldados con un uniforme verde desconocido para mí y casco de acero. De cara grande e inexpresiva, tenían los ojos azul pálido. Se detuvieron junto a la acera y llamaron a un sorprendido muchacho, que se acercó a ellos.

—¡Marschallstrasse! ¡Marschallstrasse!

Repetían una y otra vez esa única palabra, el nombre de la calle Marszalkowska en alemán. El muchacho permaneció inmóvil, desconcertado, con la boca abierta, incapaz de decir nada. Los soldados perdieron la paciencia:

—¡Al infierno! —gritó el conductor con gesto airado. Aceleró y la motocicleta se alejó con gran estruendo.

Fueron los primeros alemanes que vi.

A los pocos días aparecieron proclamas bilingües en los muros de Varsovia, firmadas por el comandante alemán, en las que se prometía a la población que podría trabajar en paz bajo el cuidado del estado alemán. Había un apartado especial dedicado a los judíos, a los que se les garantizaban todos sus derechos y la inviolabilidad de sus propiedades, así como la total protección de su vida.

4   Mi padre se inclina ante los alemanes

Volvimos a la calle Sliska. Encontramos nuestro piso intacto, aunque nos pareciera imposible; faltaban algunos cristales en las ventanas, pero nada más. Las puertas permanecían cerradas y hasta los objetos más pequeños seguían en su sitio dentro del piso. Otras casas de la zona habían quedado también intactas o habían sufrido sólo leves destrozos. En los días siguientes, cuando comenzamos a salir para ver qué había sido de nuestros conocidos, descubrimos que, a pesar de los graves desperfectos que presentaba, la ciudad seguía en pie. Las pérdidas no eran tan grandes como podía pensar uno a primera vista caminando entre enormes extensiones de ruinas todavía humeantes.

Lo mismo podía decirse de la gente. Al principio se había hablado de cien mil muertos, cifra que suponía casi el diez por ciento de la población y resultaba terrorífica. Más adelante descubrimos que habían muerto alrededor de veinte mil personas.

Entre ellas se contaban amigos a los que habíamos visto con vida sólo unos días antes, y que yacían ahora bajo las ruinas o habían sido triturados por las bombas. Dos compañeras de mi hermana Regina habían muerto al desplomarse un edificio de la calle Koszykova. Al pasar por allí había que taparse la nariz con un pañuelo: el hedor nauseabundo de ocho cuerpos en descomposición se filtraba por las ventanas cegadas del sótano, a través de recovecos y grietas, corrompiendo el aire. Una bomba había matado a un compañero mío en la calle Mazowiecka. Sólo cuando se encontró la cabeza se pudo verificar que esos restos desperdigados pertenecían a un ser humano, en otro tiempo violinista de gran talento.

Por espantosas que fueran todas estas noticias, no podían alterar nuestra satisfacción animal de estar todavía vivos y saber que quienes habían escapado de la muerte ya no corrían peligro inmediato, aunque el subconsciente reprimiera por vergüenza tales sentimientos. En este mundo nuevo en el que todo lo que había sido de valor permanente un mes antes estaba destruido, las cosas más simples, cosas que antes apenas habían merecido atención, adquirían un tremendo significado: un sillón cómodo y firme, la apacible imagen de un fogón de azulejos blancos en el que poder descansar la vista, el crujido de la tarima, cálido preludio de la atmósfera de paz y silencio de la casa.

Mi padre fue el primero en volver a su música. Escapaba de la realidad tocando el violín horas y horas. Cuando alguien lo interrumpía con una mala noticia, escuchaba frunciendo el entrecejo como si estuviera irritado, pero enseguida cambiaba de expresión y decía, llevándose el violín a la barbilla:

—Bueno, no hay que preocuparse. Seguro que dentro de un mes están aquí los aliados.

Esta respuesta invariable a todas las preguntas y problemas del momento era su forma de cerrar la puerta tras él y volver al mundo de la música, en el que era muy feliz.

Por desgracia, las primeras noticias transmitidas por quienes habían adquirido acumuladores y podían escuchar la radio no confirmaban el optimismo de mi padre. Nada de lo que habíamos oído era exacto: los franceses no tenían intención de romper la línea Sigfrido, como tampoco los británicos planeaban bombardear Hamburgo y mucho menos desembarcar en la costa alemana. Por otra parte, se estaban iniciando los ataques racistas alemanes en Varsovia. Al principio se perpetraron de modo chapucero, como si sus autores se avergonzaran de la nueva forma de torturar a la gente y además carecieran de práctica. Coches privados recorrían las calles y paraban en seco junto a la acera cuando localizaban a un judío; se abrían las puertas del coche y asomaba una mano que hacía una señal con el dedo:

—¡Adentro!

Quienes regresaron después de sufrir esos ataques describieron los primeros casos de malos tratos. Todavía no eran demasiado malos; las agresiones físicas se reducían a bofetadas, puñetazos y a veces patadas. Pero, como era un fenómeno tan nuevo, las víctimas lo acusaban con especial agudeza y se tomaban las bofetadas de los alemanes como una deshonra. No se daban cuenta de que esos golpes no tenían más significación moral que la coz de un animal.

En esta etapa inicial la ira contra el gobierno y el mando del ejército, que habían huido abandonando el país a su suerte, era en general más intensa que el odio hacia los alemanes. Recordábamos con amargura las palabras del mariscal de campo cuando juró que no dejaría que el enemigo tocara ni un solo botón de su uniforme: y así fue, pero únicamente porque llevaba los botones cosidos al uniforme cuando se puso a salvo en el extranjero. No faltaban voces que indicaran que tal vez incluso saldríamos ganando, porque los alemanes llevarían algo de orden al caos de Polonia.

Sin embargo, ahora que los alemanes habían ganado el enfrentamiento armado contra nosotros, empezaban a perder la guerra política. La ejecución de los primeros cien ciudadanos inocentes en diciembre de 1939 fue un punto de inflexión esencial.

En unas pocas horas se había levantado un muro de odio entre alemanes y polacos, y ninguno de los bandos podría escalarlo después, aunque los alemanes mostraron cierta disposición a hacerlo en los últimos años de la ocupación.

Se dieron a conocer los primeros decretos alemanes cuyo incumplimiento acarreaba la pena de muerte. El más importante afectaba al comercio del pan: cualquiera que fuera sorprendido comprando o vendiendo pan a un precio superior al de antes de la guerra sería fusilado. Esta prohibición nos causó una impresión devastadora. Nos pasamos días y días sin comer pan, que sustituimos por patatas y otras féculas. Pero Henryk descubrió que seguía habiendo pan y se vendía, y el comprador no necesariamente moría en el acto. Así que empezamos a comprar pan otra vez. Puesto que el decreto nunca se revocó, y que todos comimos y compramos pan todos los días durante los cinco años de ocupación, en el territorio polaco bajo dominio alemán tendrían que haberse producido millones de condenas a muerte sólo por este delito. Sin embargo, pasó mucho tiempo hasta que nos convencimos de que los decretos alemanes carecían de peso y el peligro real estaba en lo que podía sucederle a uno de manera por completo inesperada, como caído del cielo: no previsto en ninguna norma ni reglamento, por ficticio que éste fuera.

Pronto se publicaron decretos aplicables sólo a los judíos. Una familia judía no podía tener en casa más de dos mil zlotys. Los demás ahorros y artículos de valor debían depositarse en el banco, en una cuenta bloqueada. Al mismo tiempo, las propiedades inmobiliarias judías tenían que ser entregadas a los alemanes. Claro que apenas hubo nadie lo bastante ingenuo para dar sus bienes al enemigo por propia voluntad. Como todos los demás, decidimos esconder nuestras pertenencias de valor, aunque se componían sólo del reloj y la cadena de oro de mi padre, y de cinco mil zlotys.

Discutimos con vehemencia la mejor forma de esconderlos. Mi padre propuso algunos métodos muy utilizados en la última guerra, como ahuecar en parte una pata de la mesa del comedor y ocultar allí los objetos valiosos.

—Supón que se llevan la mesa —dijo Henryk en tono sarcástico.

—Imbécil —replicó, molesto, nuestro padre—. ¿Para qué iban a querer una mesa? ¿Una mesa como ésta?

Miró con desprecio la mesa. Su brillante superficie de nogal tenía marcas de líquidos derramados y el barniz estaba un poco desprendido en una zona. Para hacer desaparecer del mueble el último vestigio de valor, se acercó a él y levantó con la uña el barniz casi suelto, que se rompió dejando a la vista una franja de madera desnuda.

—¿Pero qué haces? —exclamó nuestra madre.

Henryk tenía otra propuesta. Pensaba que debíamos emplear métodos psicológicos, y dejar el reloj y el dinero a la vista. Los alemanes buscarían por todas partes y no se fijarían en los objetos de valor que hubiera sobre la mesa.

Llegamos a un acuerdo amistoso: escondimos el reloj debajo del armario, la cadena debajo del diapasón del violín de nuestro padre, e introdujimos el dinero en el marco de la ventana.

Aunque la gente estaba alarmada por la severidad de las leyes alemanas, no se descorazonaba y se confortaba con la idea de que los alemanes podían entregar Varsovia a la Rusia soviética en cualquier momento, y que las zonas ocupadas sólo para salvar las apariencias serían devueltas a Polonia lo antes posible. Todavía no se había creado la frontera del recodo del Vístula, y llegaban a la ciudad desde los dos lados del río personas que juraban que habían visto con sus propios ojos tropas del Ejército Rojo en Jablonna o Garwolin. Pero inmediatamente después llegaban otras que juraban que habían visto, también con sus propios ojos, la retirada de los rusos de Vilna y Lvov, y la rendición de esas ciudades a los alemanes. Era difícil decidir a qué testigos visuales creer.

Muchos judíos no esperaron a que entraran los rusos, sino que vendieron sus bienes en Varsovia y se trasladaron hacia el este, única dirección en la que podían escapar de los alemanes. Casi todos mis compañeros músicos se fueron e insistieron en que me fuera con ellos. Pero mi familia había decidido que nos quedáramos.

Uno de esos compañeros volvió a los dos días, magullado y furioso, sin mochila ni dinero. Había visto en unos árboles cercanos a la frontera a cinco judíos, semidesnudos y colgados por las manos, que habían sido azotados. También había sido testigo de la muerte del doctor Haskielewicz, quien dijo a los alemanes que quería cruzar el recodo. Le ordenaron, a punta de pistola, que se adentrara más y más en el río, hasta que dejó de hacer pie y se ahogó. Mi compañero había perdido sólo sus pertenencias y su dinero, y luego había sido golpeado y enviado de vuelta. Pero la mayoría de los judíos, aunque les robaron y los maltrataron, llegaron a Rusia.

Lo sentimos por el pobre hombre, pero al mismo tiempo tuvimos cierta sensación de triunfo: habría sido mejor que hubiera seguido nuestro consejo y se hubiera quedado. Nuestra decisión no estaba influida por ninguna consideración lógica. La pura realidad es que decidimos quedarnos por nuestro cariño a Varsovia, aunque tampoco habríamos sido capaces de darle a eso una explicación lógica.

Cuando hablo de *nuestra* decisión me estoy refiriendo a todos mis seres queridos menos mi padre. Si él no dejó Varsovia fue más bien porque no quería estar muy lejos de Sosnowiec, su ciudad natal. Nunca le había gustado Varsovia y, cuanto más difíciles se nos ponían allí las cosas, más suspiraba por una Sosnowiec idealizada. Era el único lugar donde se vivía bien, donde la gente tenía sensibilidad musical y podía apreciar a un buen violinista. Sosnowiec era incluso el único lugar donde se podía tomar una jarra de cerveza decente, porque en Varsovia sólo se conseguía un agua sucia repugnante e intragable. Después de cenar, mi padre cruzaba las manos sobre el estómago, se echaba hacia atrás, cerraba los ojos en actitud soñadora y nos aburría con su monótono recital de excelencias de Sosnowiec que sólo existían en su fervorosa imaginación.

En esas semanas del final del otoño, menos de dos meses después de la toma de Varsovia por los alemanes, la ciudad recuperó de golpe y como por arte de magia su antigua forma de vida. Este vuelco en las condiciones materiales, llevado a cabo con tanta facilidad, fue para nosotros una sorpresa más en la más sorprendente de las guerras, en la que nada salía como esperábamos. La enorme ciudad, capital de un país con muchos millones de habitantes, estaba parcialmente destruida, tenía un ejército de funcionarios sin trabajo y seguía recibiendo oleadas de evacuados desde Silesia, la zona de Poznan y Pomerania. De improviso toda esa gente —gente sin un techo para cobijarse, sin trabajo, con las perspectivas más negras— cayó en la cuenta de que se podían hacer grandes sumas de dinero con enorme facilidad burlando los decretos alemanes. Cuantos más decretos se promulgaban, mayores eran las posibilidades de obtener ganancias.

Empezaron a coexistir dos vidas: una oficial y ficticia, basada en normas que obligaban a la gente a trabajar de la mañana a la noche casi sin comer, y otra no oficial, llena de fantásticas oportunidades de obtención de beneficios, con un floreciente comercio de dólares, diamantes, harina, piel o incluso documentos falsos, una vida bajo la constante amenaza de la pena de muerte, pero vivida con alegría en restaurantes de lujo a los que la gente llegaba en *rickshaws*.

Por supuesto, no todo el mundo lo pasaba en grande. Día

tras día, al volver a casa por la noche, veía a una mujer sentada en el mismo hueco del muro de la calle Sienna, tocando la concertina y cantando melancólicas canciones rusas. Nunca empezaba a pedir antes del anochecer, probablemente por temor a que la reconocieran. Llevaba un traje gris, tal vez el último que le quedaba, cuya elegancia hacía pensar que su portadora había conocido días mejores. A la luz del crepúsculo, con una expresión mortecina en el bello rostro, mantenía los ojos fijos en un punto situado un poco por encima de la cabeza de los viandantes. Cantaba con voz profunda y atractiva, y se acompañaba muy bien a la concertina. Todo su porte, la forma en que se inclinaba hacia atrás para apoyarse en el muro, indicaba que era una dama de la buena sociedad a quien la guerra había obligado a ganarse la vida así. Pero se defendía bastante bien. Siempre había muchas monedas en la pandereta adornada con cintas que, sin duda, constituía para ella el símbolo de la mendicidad. La colocaba a sus pies para que nadie tuviera ninguna duda de que mendigaba, y además de monedas solía haber en ella billetes de cincuenta zlotys.

Tampoco yo salía hasta el anochecer si podía evitarlo, pero por razones muy diferentes. Entre las muchas normas molestas impuestas a los judíos había una que no estaba escrita pero debía observarse de manera muy estricta: los hombres de ascendencia judía debían inclinarse ante los soldados alemanes. Esta obligación estúpida y humillante nos hizo hervir de rabia a Henryk y a mí. Hacíamos todo lo que podíamos para eludirla. Dábamos largos rodeos por la calle sólo para no encontrarnos con un alemán y, si no podíamos evitarlo, mirábamos a otra parte y hacíamos como si no lo hubiéramos visto, aunque eso pudiera costarnos una paliza.

La actitud de mi padre era por completo diferente. Elegía las calles más largas para sus paseos, y se inclinaba ante los alemanes con una gracia y una ironía indescriptibles, sintiéndose feliz cuando uno de los soldados, desorientado por su radiante sonrisa, le respondía con un atento saludo y le sonreía como si fueran buenos amigos. Al volver a casa por la noche no podía remediar hablarnos con naturalidad de su amplio círculo de amistades: le bastaba poner un pie en la calle, nos decía, para que lo rodearan decenas de conocidos. Él no podía hacer otra que corresponder a tanta cordialidad y tenía la mano rígida de tanto saludar con el sombrero. Decía esto con sonrisa traviesa, frotándose regocijado las manos.

Pero la malevolencia de los alemanes no se podía tomar a la ligera. Formaba parte de un sistema pensado para mantenernos en un constante estado de incertidumbre nerviosa sobre nuestro futuro. Cada pocos días se promulgaban nuevos decretos. Aparentemente eran de escasa importancia, pero servían para avisarnos de que no se habían olvidado de nosotros ni tenían intención de hacerlo.

A los judíos se nos prohibió viajar en tren. Más adelante, tuvimos que pagar más del cuádruple que los «arios» por un billete de tranvía. Comenzaron a circular los primeros rumores sobre la construcción de un gueto. Se intensificaron durante dos días, sembrando la desesperación en nuestros corazones, y luego amainaron de nuevo.

5   ¿Sois judíos?

A finales de noviembre, cuando comenzaron a escasear los días de buen tiempo en ese otoño extraordinariamente largo y se hicieron más frecuentes los chaparrones sobre la ciudad, nuestro padre, Henryk y yo tuvimos el primer contacto con el estilo de muerte alemán.

Una tarde fuimos los tres a visitar a un amigo. Estuvimos hablando y, cuando miré el reloj, me di cuenta de que era casi la hora del toque de queda. Teníamos que irnos de inmediato, aunque no había ninguna posibilidad de que llegáramos a casa a tiempo. Pero tampoco era un delito tan grave llegar un cuarto de hora tarde y esperábamos que no nos ocurriera nada.

Nos pusimos el abrigo, nos despedimos a toda prisa y salimos. Las calles estaban oscuras y ya completamente vacías. La lluvia nos azotaba la cara, las ráfagas de viento sacudían los letreros y el aire estaba lleno de golpeteos metálicos. Con el cuello del abrigo subido, caminábamos a toda velocidad y con el mayor sigilo posible, manteniéndonos pegados a los muros de los edificios. Estábamos ya a la mitad de la calle Zielna y parecía que íbamos a poder llegar a nuestro destino sin problemas, cuando de repente apareció en una esquina una patrulla de la policía. No tuvimos tiempo de darnos la vuelta ni de ocultarnos. Nos quedamos inmóviles, deslumbrados por la luz de las linternas, intentando pensar cada uno alguna excusa, mientras uno de los policías se dirigía a nosotros y nos alumbraba la cara.

—¿Sois judíos? —Era una pregunta puramente retórica porque no esperó a que respondiéramos— Bueno, entonces...

Había un tono de triunfo en esa afirmación de nuestro origen racial. Denotaba satisfacción por habernos cazado. Antes de que nos diéramos cuenta estábamos de cara a la pared del edificio, con los policías caminando hacia atrás, hacia la calle, y quitando el seguro a sus carabinas. Era así como íbamos a morir. Ocurriría en pocos segundos y luego quedaríamos tirados sobre la acera en un charco de sangre, con el cráneo destrozado, hasta el día siguiente. Sería entonces cuando se enteraran nuestra madre y hermanas de lo que había ocurrido, y vinieran desesperadas a buscarnos. Los amigos a los que habíamos visitado se reprocharían habernos entretenido tanto. Todos estos pensamientos llegaron a mi cabeza de una forma rara, como si pertenecieran a otra persona. Oí que alguien decía en voz alta:

—Esto es el fin.

Hasta un momento después no me di cuenta de que era yo quien había hablado. Mientras tanto, oía un sonoro llanto y sollozos convulsos. Volví la cabeza y, a la luz cruel de las linternas, vi a nuestro padre de rodillas sobre el pavimento mojado, sollozando y suplicando a los policías por nuestra vida. ¿Cómo podía rebajarse tanto? Henryk estaba inclinado sobre él, susurrándole algo, intentando que se pusiera en pie. Henryk, mi comedido hermano Henryk, el de la eterna sonrisa sarcástica, desprendía una extraordinaria delicadeza y ternura en aquel momento. Nunca antes lo había visto de ese talante. Así que debía de haber otro Henryk al que yo entendería muy bien si llegaba a conocerlo en lugar de estar siempre riñendo con él.

Me volví de nuevo hacia la pared. La situación no había cambiado. Nuestro padre lloraba, Henryk trataba de calmarlo y los policías seguían apuntándonos con sus armas. No podíamos verlos porque estaban detrás del muro de luz blanca. De repente, en una fracción de segundo, tuve la sensación instintiva de que ya no nos amenazaba la muerte. Pasaron unos instantes y nos llegó una voz desde el otro lado del muro de luz:

—¿Cómo os ganáis la vida?

Henryk respondió por los tres. Tenía un autocontrol sorprendente, con una tranquilidad total en la voz, como si no hubiera pasado nada:

—Somos músicos.

Uno de los policías se colocó delante de mí, me agarró por el cuello del abrigo y me zarandeó en un último arrebato de mal genio, no habiendo ya ninguna razón para ello ahora que habían decidido dejarnos vivos.

—¡Tenéis suerte de que yo también sea músico!

De un empellón me lanzó contra la pared.

—¡Marchaos!

Corrimos en la oscuridad, angustiados por quedar fuera del alcance de las linternas lo más rápidamente posible, antes de que pudieran cambiar de opinión. Oíamos sus voces desvaneciéndose a nuestra espalda, enzarzadas en una violenta discusión. Los otros dos reconvenían al que nos había dejado escapar. Pensaban que no merecíamos compasión puesto que habíamos iniciado una guerra en la que morían alemanes.

Ellos, por el momento, no morían sino que se enriquecían. Cada vez con mayor frecuencia, bandas de alemanes irrumpían en los domicilios judíos, los saqueaban y se llevaban los muebles en furgones. Los propietarios de viviendas más preocupados vendían sus pertenencias de valor y las sustituían por otras sin interés. Nosotros vendimos los muebles, aunque más por necesidad que por miedo: cada vez éramos más pobres. En nuestra familia no había nadie bueno para el regateo. Regina lo intentaba, pero sin éxito. Como abogada tenía un gran sentido de la honradez y la responsabilidad, y era sencillamente incapaz de pedir o aceptar un precio dos veces superior al valor de algo. Enseguida se dedicó a dar clases particulares. Nuestro padre, nuestra madre y Halina daban clases de música, y Henryk enseñaba inglés. Yo era el único que en esa época no encontró forma de ganarse el pan. Sumido en la apatía, lo único que hacía era trabajar ocasionalmente en la orquestación de mi concierto breve.

En la segunda mitad de noviembre, sin aducir ninguna razón, los alemanes comenzaron a cerrar con barricadas y alambre de espino las bocacalles situadas al norte de Marszalkowska, y a finales de mes se hizo público un anuncio que nadie podía creer al principio. Ni en nuestros más secretos pensamientos habíamos sospechado nunca que pudiera suceder algo así: entre el 1 y el 5 de diciembre los judíos tenían que proveerse de brazaletes blancos que llevaran cosida una estrella de David azul. Así quedaríamos señalados públicamente como parias. Estaban a punto de anularse cinco siglos de progreso de la humanidad y volvíamos a la Edad Media.

Durante semanas y semanas los intelectuales judíos permanecieron en arresto domiciliario por propia voluntad. Nadie quería aventurarse a salir a la calle con el brazalete en la manga; si no quedaba más remedio que salir de casa, intentábamos pasar inadvertidos y caminábamos con los ojos bajos, llenos de vergüenza y aflicción.

Comenzaron varios meses de riguroso invierno y el frío pareció aliarse con los alemanes para matar gente. Las heladas duraban semanas y las temperaturas eran las más bajas que se recordaban en Polonia. Apenas se podía conseguir carbón y lo poco que se vendía alcanzaba precios astronómicos. Recuerdo que durante bastantes días seguidos nos quedamos en la cama porque la temperatura en nuestro piso era tan baja que no se podía soportar.

En lo más crudo de ese invierno llegaron a Varsovia numerosos deportados judíos evacuados desde el oeste. Es decir, llegaron sólo una parte de ellos: los habían cargado en vagones para ganado en sus lugares de origen, habían precintado los vagones y los deportados habían tenido que hacer el viaje sin comida, agua ni protección alguna contra el frío. Con frecuencia esos terribles transportes tardaban varios días en llegar a Varsovia y sólo entonces se permitía salir a la gente. En algunos trenes apenas quedaban vivos la mitad de los pasajeros, y con graves congelaciones. La otra mitad eran cadáveres que, rígidos por el frío glacial, se mantenían en pie aprisionados entre los vivos y caían al suelo al moverse éstos.

Parecía que las cosas no podían empeorar. Pero no era nada más que el punto de vista judío; los alemanes pensaban de otro modo. Fieles a su sistema de ejercer la presión por etapas graduales, promulgaron nuevos decretos represivos en enero y febrero de 1940. En el primero se proclamaba que los judíos teníamos que trabajar dos años en campos de concentración, donde recibiríamos «la formación social adecuada» que nos redimiera de ser «parásitos en el organismo sano de los pueblos arios». Tenían que ir los hombres de entre doce y sesenta años, y las mujeres de entre catorce y cuarenta y cinco. En el segundo decreto se establecía el método para inscribirnos y trasladarnos. Para ahorrarse molestias, los alemanes encargaron la tarea al Consejo Judío, que se ocupaba de la administración de la comunidad. Debíamos asistir a nuestra propia ejecución, preparar nuestra caída con nuestras propias manos, cometer una especie de suicidio legalizado. Los transportes tenían que salir en primavera.

El Consejo decidió actuar de modo que se salvaran la mayoría de los intelectuales. Pagando mil zlotys por cabeza, el Consejo enviaba a un miembro de las clases trabajadoras judías como sustituto de la persona supuestamente registrada. Claro que no todo el dinero iba al bolsillo de los pobres sustitutos: los funcionarios del Consejo tenían que vivir, y vivir bien, con vodka y alguna que otra exquisitez.

Pero los transportes no salieron en primavera. Una vez más se supo que no había que tomarse en serio los decretos oficiales alemanes, e incluso se redujo la tensión en las relaciones entre judíos y alemanes durante unos pocos meses, reducción que pareció más auténtica a medida que iba aumentando en ambas partes la preocupación por lo que ocurría en el frente.

Por fin había llegado la primavera y ya no podía quedar duda de que los aliados, que habían dedicado el invierno a hacer los preparativos necesarios, atacarían Alemania simultáneamente desde Francia, Bélgica y Holanda, romperían la línea Sigfrido, tomarían el Sarre, Baviera y el norte de Alemania, conquistarían Berlín y liberarían Varsovia ese mismo verano, como muy tarde. En toda la ciudad reinaba un clima de ilusionado entusiasmo. Esperábamos el comienzo de la ofensiva como quien espera la celebración de una fiesta. Mientras tanto, los alemanes invadieron Dinamarca, pero en opinión de nuestros políticos locales eso no significaba nada: simplemente que sus ejércitos se quedarían incomunicados allí.

El 10 de mayo comenzó por fin la ofensiva, pero fue una ofensiva alemana. Cayeron Holanda y Bélgica. Los alemanes avanzaron sobre Francia. Sin embargo, no había por qué desanimarse. Se estaba repitiendo lo que ocurrió en 1914. Eran incluso las mismas personas quienes estaban al mando por el lado francés: Pétain, Weygand, hombres excelentes de la escuela de Foch. Se podía confiar en que se defenderían de los alemanes como lo habían hecho la vez anterior.

Finalmente el 20 de mayo un violinista compañero mío vino a verme después del almuerzo. Íbamos a tocar juntos, a recordar una sonata de Beethoven que llevábamos algún tiempo sin interpretar y nos gustaba mucho a los dos. Nos acompañaban también unos pocos amigos más; mi madre, deseosa de complacerme, había conseguido café. Era un día magnífico de sol, y estábamos disfrutando del café y las deliciosas pastas que había preparado mi madre; reinaba el buen humor. Todos sabíamos que los alemanes habían llegado a las afueras de París, pero a ninguno nos preocupaba demasiado. Después de todo, quedaba el Marne —esa línea defensiva clásica en la que todo debe detenerse, como ocurre en la fermata de la segunda parte del *scherzo* en si menor de Chopin, en un tempo tormentoso de trémolos que siguen y siguen, cada vez más tempestuosos, hasta el acorde final— y en ese punto los alemanes se retirarían hasta su frontera con la misma rapidez con que habían avanzado, lo que supondría el fin de la guerra y una victoria aliada.

Después del café íbamos a continuar con nuestra interpretación. Me senté al piano, rodeado de oyentes sensibles, de personas capaces de apreciar el placer que pretendía procurarles, a ellos y a mí mismo. El violinista estaba a mi derecha y a mi izquierda se sentaba una amiga encantadora de Regina que se iba a encargar de pasar las páginas. ¿Qué más podía pedir para que mi felicidad fuera completa? Sólo estábamos esperando a Halina para comenzar; había bajado a la tienda a llamar por teléfono. Cuando volvió llevaba un periódico, una edición especial. En la primera plana había dos palabras en letras enormes, sin duda las más grandes que tenían en la imprenta: ¡CAE PARÍS!

Apoyé la cabeza sobre el piano y —por primera vez en la guerra— me eché a llorar.

Embriagados por la victoria y haciendo un breve alto para tomar aliento, los alemanes tuvieron tiempo entonces de volver a pensar en nosotros, aunque no se puede decir que nos hubieran olvidado del todo mientras se luchaba en el oeste. Todo el tiempo se sucedían los robos a judíos, las evacuaciones forzosas y las deportaciones a campos de trabajo en Alemania, pero ya estábamos acostumbrados. Ahora había que esperar lo peor. En septiembre salieron los primeros transportes hacia los campos de trabajo de Belzec y Hrubieszow. Los judíos que recibían allí «la formación social adecuada» se pasaban días y días con el agua hasta la cintura arreglando el alcantarillado, y obtenían cien gramos de pan y un plato de sopa aguada al día para mantenerse. El trabajo no duró en realidad dos años, como se había anunciado, sino sólo tres meses. Sin embargo, fue tiempo suficiente para que los trabajadores se agotaran físicamente y en muchos casos contrajeran tuberculosis.

Los hombres que se quedaron en Varsovia también tenían que presentarse para trabajar: todos debían cumplir seis días de trabajo físico al mes. Hice todo lo posible por eludir ese trabajo. Me preocupaban mis dedos. Un pequeño problema muscular, una inflamación de las articulaciones o simplemente un mal golpe habría bastado para poner fin a mi carrera como pianista. Henryk veía las cosas de otro modo. En su opinión, una persona con creatividad intelectual debe hacer trabajo físico para conocer bien sus capacidades, así que cumplió con su cuota de trabajo aunque ello interrumpiera sus estudios.

Enseguida dos acontecimientos afectaron al estado de ánimo general. En primer lugar, comenzó la ofensiva aérea alemana contra Inglaterra. En segundo, se colocaron carteles a la entrada de las calles que más tarde señalarían el límite del gueto judío, en los que se informaba a los viandantes de que esas calles estaban infectadas de tifus y era mejor evitarlas. Un poco después el único periódico de Varsovia que publicaban en polaco los alemanes ofreció un comentario oficial sobre el asunto: los judíos no sólo eran parásitos sociales, sino que además contagiaban la infección. No se trataba, decía el reportaje, de encerrarlos en un gueto, palabra que, por otra parte, no había que utilizar. Los alemanes eran una raza demasiado culta y magnánima, decía el periódico, para confinar, ni siquiera a parásitos como los judíos, en guetos, residuo medieval indigno del nuevo orden de Europa. En lugar de ello, tenía que haber un barrio judío en la ciudad en el que vivieran sólo judíos, para que allí gozaran de libertad total y pudieran continuar practicando sus costumbres y su cultura racial. Por razones de mera higiene, ese barrio tenía que estar rodeado por un muro, de modo que el tifus y las demás enfermedades judías no se extendieran a otras zonas de la ciudad. Este reportaje humanitario se ilustraba con un pequeño mapa en el que aparecían las fronteras exactas del gueto.

Al menos nos podíamos consolar pensando que nuestra calle estaba ya en la zona del gueto y no teníamos que buscar otro piso. Era peor la situación de los judíos que vivían fuera de esa zona. Tuvieron que pagar sumas exorbitantes en efectivo y buscar un nuevo techo para cobijarse en las últimas semanas de octubre. Los más afortunados encontraron habitaciones en la calle Sienna, que iba a convertirse en los Campos Elíseos del gueto, o sus proximidades. Otros se vieron obligados a vivir en raquíticos agujeros en la deplorable zona de las calles Gesia, Smocza, Zamenhof y sus alrededores, ocupados por el proletariado judío desde tiempo inmemorial.

Las puertas del gueto se cerraron el 15 de noviembre. Esa tarde tenía cosas que hacer en el extremo más alejado de la calle Sienna, no lejos de la calle Zelazna. Lloviznaba pero la temperatura se mantenía muy cálida para la época del año. Las oscuras calles hervían de portadores de brazaletes blancos. Estaban todos muy agitados, e iban y venían corriendo como animales encerrados en una jaula a la que todavía no se han acostumbrado. Las mujeres gemían y los niños lloraban aterrorizados junto a los muros de los edificios, encaramados a los montones de ropa de cama que se mojaba y se ensuciaba con la porquería de las calles. Eran familias judías que habían sido llevadas a la fuerza hasta el otro lado de los muros del gueto en el último minuto y no tenían esperanza de encontrar cobijo. Medio millón de personas debían encontrar un lugar donde instalarse en una parte de la ciudad que ya estaba superpoblada y en la que apenas había espacio para más de cien mil.

A lo largo de la calle vi focos que iluminaban el nuevo enrejado de madera: la puerta del gueto, al otro lado de la cual vivía la gente libre, sin encerrar, con espacio suficiente, en la misma ciudad de Varsovia. Pero ningún judío podía traspasar ya esa puerta.

En algún momento alguien me agarró la mano. Era un amigo de mi padre, también músico y, como él, un hombre de carácter alegre y amistoso.

—Bueno, ¿qué te parece? —me preguntó con una risotada nerviosa, describiendo con la mano una curva que abarcaba la muchedumbre, las sucias paredes de las casas, húmedas por la lluvia, y los muros y la puerta del gueto, visibles en la distancia.

—¿Qué me parece? —dije— Que quieren acabar con nosotros.

Pero el anciano no compartía mi opinión o no quería compartirla. Tras otra carcajada un poco forzada me palmeó el hombro y me dijo:

—¡No te preocupes, hombre! —Luego me agarró por un botón del abrigo, acercó su cara de encendidas mejillas a la mía y dijo, con convicción verdadera o fingida—: ¡Nos dejarán salir enseguida. En cuanto se entere Estados Unidos!

6 Baile en la calle Chlodna

Hoy, al evocar otros recuerdos más terribles, mis experiencias en el gueto de Varsovia entre noviembre de 1940 y julio de 1942, periodo de casi dos años, se funden en una única imagen como si hubieran durado sólo un día. Por más que lo intento no puedo descomponer esa imagen en fragmentos que le aporten algún orden cronológico, como se suele hacer al escribir un diario.

Por supuesto, hay cosas que pasaron en esa época, así como otras que ocurrieron antes y después, que fueron de dominio público y fáciles de aprehender. Los alemanes se dedicaron a cazar presas humanas para usarlas como bestias de carga, al igual que hicieron en toda Europa. Tal vez la única diferencia estuvo en que en el gueto de Varsovia esas cacerías cesaron de repente en la primavera de 1942. En un plazo de pocos meses los judíos iban a servir para otros fines y, como ocurre siempre con la caza, necesitaban una temporada de veda para que las grandes cacerías fueran mejores y no defraudaran. A los judíos nos robaron, igual que a franceses, belgas, noruegos y griegos, pero con la diferencia de que nos robaban de un modo más sistemático y estrictamente oficial. Los alemanes que no formaban parte del sistema no tenían acceso al gueto ni derecho a robar para sí. La policía alemana estaba autorizada a robar por un decreto que promulgó el gobernador general de acuerdo con la ley sobre robos del gobierno del Reich.

En 1941 Alemania invadió Rusia. En el gueto seguimos el curso de esta nueva ofensiva conteniendo la respiración. Al principio creímos, erróneamente, que los alemanes perderían enseguida; más adelante nos dominó la desesperación y unas dudas cada vez mayores sobre el destino de la humanidad y de nosotros mismos, a medida que las tropas de Hitler se adentraban en Rusia. Luego, otra vez, cuando los alemanes ordenaron que todos los abrigos de piel de los judíos debían ser entregados, so pena de muerte, nos satisfizo pensar que no les iba demasiado bien si su victoria dependía de unas pieles de zorro plateado y de castor.

El gueto se iba recortando. Los alemanes reducían calle por calle su superficie. De la misma forma, Alemania desplazaba las fronteras de los países europeos que había sometido, apropiándose de una provincia tras otra; era como si el gueto de Varsovia fuera igual de importante que Francia, y la exclusión de las calles Zlota y Zielna tan significativa para la expansión del *Lebensraum* alemán como la separación de Alsacia y Lorena del territorio francés.

Sin embargo, todos estos incidentes exteriores carecían por completo de importancia en comparación con el único hecho significativo que ocupaba nuestra mente de modo constante, cada hora y cada minuto del tiempo que pasábamos en el gueto: estábamos encerrados.

Creo que habría sido más fácil de soportar, desde el punto de vista psicológico, si hubiéramos estado encarcelados de forma más evidente: recluidos en una celda, por ejemplo. Ese tipo de encierro define con total claridad y certeza la relación de un ser humano con la realidad. No hay posibilidad de llamarse a engaño con respecto a la situación: la celda es un mundo aparte en el que sólo existe el hecho de estar encarcelado y no hay interacción con el distante mundo de la libertad. Se puede soñar con ese mundo si se dispone del tiempo y la inclinación necesarios; pero, si no se piensa en él, no impone su presencia de manera espontánea. No está siempre allí, delante de los ojos de uno, atormentándolo con recordatorios constantes de la vida en libertad que ha perdido.

La realidad del gueto era peor precisamente porque guardaba una apariencia de libertad. Uno podía salir a la calle a pasear y mantener la ilusión de que estaba en una ciudad por completo normal. Los brazaletes que nos señalaban como judíos no nos molestaban porque todos los llevábamos y, después de cierto tiempo de vivir en el gueto, me di cuenta de que me había acostumbrado del todo a ellos; tanto, que cuando soñaba con mis amigos arios los veía con brazaletes, como si esa tira de tela blanca fuera una parte tan esencial de la indumentaria como la corbata. Sin embargo, las calles del gueto —y sólo ellas— terminaban en muros. Con frecuencia salía a caminar sin rumbo y de repente me encontraba con uno de esos muros. Me impedían el paso aun cuando yo quisiera seguir caminando y no hubiera ninguna razón lógica para detenerme. Entonces la parte de la calle que estaba al otro lado del muro se convertía de golpe en el lugar que más me gustaba y más necesitaba de todo el mundo, un lugar en el que tenían que estar ocurriendo, en ese preciso instante, cosas que yo hubiera dado algo por ver; pero era inútil. Volvía sobre mis pasos, anonadado, y seguía así día tras día, siempre con la misma desesperación.

En el gueto uno podía incluso frecuentar un restaurante o un café, y reunirse allí con sus amigos. Aparentemente, nada impedía que se creara una atmósfera tan acogedora como en un restaurante o un café de cualquier otro sitio. Sin embargo, de manera inevitable, tarde o temprano llegaba un momento en el que uno de los amigos hacía notar que sería estupendo que los reunidos, que mantenían una conversación tan agradable, fueran de excursión a algún sitio —a Otwok, por ejemplo— un domingo que hiciera buen tiempo. «Estamos en verano», diría, «y hace bueno. Parece que el calor se va a mantener». Y nada impediría que uno llevara a cabo un plan tan sencillo, aunque le apeteciera ponerlo en práctica al instante. Sólo habría que pagar la cuenta de los cafés y las pastas, salir a la calle, ir a la estación con los alegres compañeros, comprar los billetes y tomar el tren suburbano. Se daban todas las condiciones necesarias para crear una ilusión perfecta, hasta que uno se encontraba con el límite de los muros...

El periodo de casi dos años que pasé en el gueto me recuerda, cuando pienso en él, una experiencia infantil que duró mucho menos tiempo. Me iban a quitar el apéndice. La operación se preveía sencilla; no había motivo de preocupación. Me iban a operar en el plazo de una semana; había una cita concertada con los doctores y una habitación reservada en el hospital. Con la esperanza de hacerme más llevadera la espera, mis padres se tomaron muchas molestias para llenar esa semana de invitaciones y caprichos. Salíamos a tomar un helado todos los días, y luego íbamos al cine o al teatro; me regalaron montones de libros y juguetes, todo lo que podía desear. Era como si no hubiera nada más que pudiera necesitar para que mi felicidad fuera completa. Pero todavía recuerdo que durante toda esa semana, estuviera viendo películas, en el teatro o comiendo helados, incluso con las diversiones que exigían mayor concentración, no me libré ni un segundo del hormigueo del miedo en el estómago, un temor constante e inconsciente a lo que ocurriría cuando por fin llegara el día de la operación.

Ese mismo miedo instintivo no abandonó ni un momento a la gente del gueto durante casi dos años. En comparación con la época siguiente, fueron dos años de relativa calma, pero convirtieron nuestra vida en una pesadilla interminable, porque todo nuestro ser percibía que en cualquier momento iba a ocurrir algo terrible, sólo que no sabíamos con certeza aún qué peligro nos amenazaba ni de dónde vendría.

Generalmente salía todas las mañanas después de desayunar. Mi ritual cotidiano incluía un largo paseo por la calle Mila hasta la oscura madriguera en la que vivía la familia del portero Jehuda Zyskind. En las condiciones del gueto, salir de casa, una actividad bien normal, adquiría el carácter de una ceremonia, sobre todo durante las cacerías callejeras. Primero había que visitar a los vecinos, escuchar sus problemas y lamentaciones, y averiguar así lo que ocurría ese día en la ciudad: si había redadas, si se sabía algo de posibles bloqueos, si estaba vigilada la calle Chlodna. Una vez hecho eso, fuera ya del edificio, había que repetir las mismas preguntas en la calle, detener a los viandantes que se acercaban y volver a preguntar en cada esquina. Sólo con tales precauciones podía uno estar relativamente seguro de que no lo iban a detener.

El gueto estaba dividido en dos zonas, una grande y otra pequeña. Tras las sucesivas reducciones de tamaño, el gueto pequeño, delimitado por las calles Wielka, Sienna, Zelazna y Chlodna, sólo tenía una conexión con el gueto grande, a través de la calle Chlodna por la esquina con Zelazna. El gueto grande comprendía todo el norte de Varsovia, y contenía infinidad de callejuelas estrechas y malolientes, abarrotadas de judíos que vivían en condiciones de extrema pobreza, hacinamiento y suciedad. El gueto pequeño estaba también atestado, pero no hasta extremos tan irracionales. En cada habitación vivían tres o cuatro personas, y maniobrando y moviéndose con habilidad era posible caminar por las calles sin chocar con otros transeúntes. Tampoco ese posible contacto físico revestía demasiado peligro, porque quienes vivían en el gueto pequeño eran sobre todo intelectuales y miembros prósperos de la clase media; estaban relativamente libres de parásitos y hacían todo lo posible por exterminar los que, de manera inevitable, adquirían en el gueto grande. La pesadilla no comenzaba hasta que uno cruzaba la calle Chlodna: era entonces cuando sabía si había tenido la suerte y el instinto necesarios para llegar a ese lugar en el momento adecuado.

La calle Chlodna estaba en el barrio «ario» de la ciudad, y había en ella mucho ajetreo de coches, tranvías y viandantes. Permitir que la población judía fuera por la calle Zelazna desde el gueto pequeño al grande, y a la inversa, implicaba que el tráfico tenía que detenerse cuando la gente cruzaba la calle Chlodna. Como esto suponía una incomodidad para los alemanes, a los judíos se les permitía cruzar con la menor frecuencia posible.

Caminando por la calle Zelazna era fácil ver a una multitud congregada a cierta distancia de la esquina con la calle Chlodna. Quienes tenían asuntos urgentes cambiaban de pie con nerviosismo sin moverse del sitio, esperando a que los policías tuvieran la bondad de detener el tráfico. Eran ellos quienes decidían si la calle Chlodna estaba suficientemente vacía y la calle Zelazna suficientemente abarrotada para dejar que cruzaran los judíos. Cuando llegaba ese momento, los guardias se apartaban y a ambos lados de la calle surgían sendas muchedumbres apretadas e impacientes de personas que chocaban, se empujaban hasta hacerse caer y pisoteaban a los caídos, para apartarse de la peligrosa proximidad de los alemanes lo antes posible y volver al interior de los dos guetos. La cadena de guardias volvía a cerrarse y comenzaba otra vez la espera.

A medida que aumentaba el número de congregados crecía su agitación, nerviosismo e inquietud; como los guardias alemanes se aburrían en sus puestos, trataban de divertirse todo lo que podían. Uno de sus entretenimientos favoritos era el baile. Hacían que fueran músicos de las bocacalles vecinas —el número de bandas callejeras aumentaba al generalizarse la miseria— y los soldados elegían, entre la multitud que esperaba, a personas cuyo aspecto encontraban especialmente cómico y les ordenaban que bailaran valses. Los músicos se colocaban junto al muro de un edificio, se dejaba espacio libre en la calle y uno de los policías actuaba como director, golpeando a los músicos si tocaban demasiado despacio. Otros vigilaban la concienzuda ejecución de los bailes. Parejas de lisiados, ancianos, y personas muy gruesas o muy delgadas tenían que girar en círculos ante los ojos de los horrorizados asistentes. Se hacía que los niños y las personas de baja estatura formaran pareja con los más altos. Los alemanes permanecían de pie alrededor de la «pista de baile», entre grandes carcajadas y alaridos:

—¡Más deprisa! ¡Vamos, más deprisa...! ¡Todo el mundo a bailar!

Si la selección de las parejas se consideraba especialmente acertada y graciosa, el baile se prolongaba más. El cruce se abría, se cerraba y se volvía a abrir, pero los desafortunados bailarines tenían que seguir dando saltitos a ritmo de vals, jadeantes, llorando de agotamiento, luchando por seguir, con la vana esperanza de que se apiadaran de ellos.

Sólo cuando me encontraba a salvo al otro lado de la calle Chlodna veía yo el gueto como era en realidad. Sus gentes no tenían capital ni objetos de valor ocultos; se ganaban el pan comerciando. Cuanto más se internaba uno en el laberinto de callejuelas, más vivaz y urgente era el comercio. Mujeres con niños agarrados a la falda abordaban a los viandantes ofreciéndoles su mercancía: unos pocos pasteles sobre un trozo de cartón. Constituían toda la fortuna de esas mujeres, y que sus hijos tuvieran un trocito de pan negro para comer esa noche dependía de que se vendieran. Ancianos judíos, irreconocibles de puro demacrados, trataban de atraer la atención de los transeúntes hacia unos harapos con los que esperaban ganar un poco de dinero. Los hombres jóvenes comerciaban con oro y billetes, librando amargas y enconadas batallas por cajas de reloj deterioradas, trozos de cadena o billetes de un dólar ajados y sucios que ponían al trasluz, con lo que se veía que eran defectuosos y apenas valían nada, aunque los vendedores insistían con vehemencia en que estaban «casi nuevos».

Los denominados *konhellerki,* tranvías tirados por caballos, avanzaban por las calles abarrotadas entre traqueteos y ruido de campanillas; la lanza y los caballos hendían la aglomeración de cuerpos humanos como un barco surca las aguas. Se daba ese nombre a los tranvías porque sus propietarios eran Kon y Heller, dos potentados judíos que estaban al servicio de la Gestapo y tenían florecientes negocios. Las tarifas eran bastante elevadas, de modo que sólo viajaban en tranvía los pudientes, que iban al centro del gueto únicamente para asuntos de negocios. Cuando llegaban a su parada, procuraban abrirse paso por la calle lo más deprisa posible hasta la tienda u oficina en la que tenían una cita, e inmediatamente después tomaban otro tranvía para abandonar el terrible barrio cuanto antes.

El mero hecho de llegar desde la parada del tranvía hasta la tienda más cercana no era fácil. Decenas de mendigos estaban al acecho de ese breve encuentro con un ciudadano próspero, al que acosaban tirándole de las ropas, cerrándole el paso, mendigando, llorando, gritando, amenazando. Pero era una imprudencia que alguien sintiera compasión y diera algo a un mendigo, porque entonces los gritos se convertían en alaridos. A esa señal acudían más y más figuras desdichadas que brotaban de todas partes y el buen samaritano terminaba asediado, cercado por espectros andrajosos que lo salpicaban con su saliva de tísicos, por niños cubiertos de llagas que se interponían en su camino, por muñones de brazos, ojos cegados, hediondas bocas sin dientes, todos pidiendo compasión en ese último momento de su vida, como si sólo el apoyo instantáneo pudiera retrasar su fin.

Para llegar al centro del gueto había que ir por la calle Karmelicka, única que llegaba hasta allí. Era del todo imposible no rozarse con otras personas en esa calle. La densa muchedumbre no caminaba, sino que avanzaba a empujones y codazos, formando remolinos delante de los puestos y remansándose fuera de los portales. Las ropas mal aireadas, la mugre y la basura en descomposición de las calles desprendían un fuerte olor a podrido. A la menor provocación se producía un ataque de pánico entre la multitud, que corría de un lado a otro de la calle chocando y apretujándose entre gritos y blasfemias. La calle Karmelicka era un lugar especialmente peligroso: los coches celulares la recorrían varias veces al día. Llevaban a los prisioneros, invisibles tras las chapas de acero gris y las reducidas ventanillas opacas, desde la cárcel de Pawiak al centro de la Gestapo del paseo Szuch; en el viaje de vuelta transportaban lo que quedaba de ellos después del interrogatorio: despojos sanguinolentos de seres humanos con los huesos rotos, los riñones destrozados y las uñas arrancadas. La escolta de esos coches no permitía que nadie se acercara a ellos, aunque eran vehículos blindados. Cuando giraban hacia la calle Karmelicka, que estaba tan congestionada que ni con la mejor voluntad del mundo podría haberse refugiado la gente en los portales, los hombres de la Gestapo se asomaban y golpeaban a la multitud de manera indiscriminada con porras. Esto no hubiera sido especialmente peligroso con las porras normales de caucho, pero las que usaban los hombres de la Gestapo estaban tachonadas de clavos y hojas de afeitar.

Jehuda Zyskind vivía en la calle Mila, no lejos de la calle Karmelicka. Era el encargado de su edificio y, cuando hacía falta, actuaba como transportista, conductor, comerciante y contrabandista de productos por encima del muro del gueto. Con la claridad de su mente y la fuerza física de su enorme cuerpo, no desaprovechaba ninguna oportunidad de ganar dinero para alimentar a su familia. Era una familia tan grande que ni siquiera puedo recordarla al completo. Sin embargo, aparte de sus ocupaciones cotidianas, Zyskind era un idealista del socialismo. Se mantenía en contacto con la organización socialista, hacía llegar informes secretos de prensa al gueto y trataba de formar células en él, aunque esto último le resultaba muy difícil. A mí me trataba con cierto desdén cariñoso porque consideraba que era el modo más adecuado de dirigirse a los artistas, seres carentes de utilidad como conspiradores. Con todo, me apreciaba y me permitía ir a su casa todas las mañanas a leer las proclamas secretas que habían llegado por radio, recién publicadas en la prensa. Cuando pienso en él ahora, al cabo de los años de horror que me separan de la época en la que todavía estaba vivo y podía difundir su mensaje, admiro su firmeza de voluntad. Jehuda era un optimista convencido. Por malas que fueran las noticias de la radio, siempre era capaz de encontrarles una interpretación favorable. Un día que estaba leyendo las últimas noticias, dejé caer desesperado el trozo de periódico y suspiré:

—Bueno, tiene que admitir que no hay nada que hacer.

Jehuda sonrió, alcanzó un cigarrillo, se acomodó en su silla y contestó:

—Es que no lo ha entendido, señor Szpilman.

Se lanzó entonces a una de sus conferencias políticas. Todavía entendí menos gran parte de lo que dijo, pero tenía una forma de hablar y una fe tan contagiosa en que, en realidad, todo era para mejor en el mejor de los mundos posibles, que terminé por compartir su forma de pensar, sin saber cómo ni por qué. Siempre me iba de su casa fortalecido y confortado. Hasta que estaba en la mía y, tumbado en la cama, repasaba una vez más las noticias políticas no llegaba a la conclusión de que sus argumentos eran absurdos. Pero a la mañana siguiente lo visitaba de nuevo y él se las arreglaba para convencerme de que estaba equivocado, y yo volvía a salir con una inyección de optimismo que duraba hasta la noche y me hacía seguir adelante. Jehuda se mantuvo así hasta el invierno de 1942, cuando lo sorprendieron en flagrante con montones de material clandestino sobre la mesa mientras él, su mujer y sus hijos lo clasificaban. Los fusilaron en el acto a todos, incluso al pequeño Symche, de tres años.

Fue muy difícil para mí conservar la esperanza cuando asesinaron a Zyskind y no tuve ya a nadie que me explicara bien las cosas. Sólo ahora me doy cuenta de que yo estaba equivocado, como también lo estaban los informes de prensa de la época, mientras que Zyskind tenía razón. Por improbable que pareciera en ese momento, todo resultó como él había predicho.

Siempre volvía a casa por el mismo camino: las calles Karmelicka, Leszno y Zelazna. De paso, hacía breves visitas a los amigos para contarles de viva voz las noticias que había espigado en casa de Zyskind. Luego iba hasta la calle Nowolipki para ayudar a Henryk a llevar a casa su cesta de libros.

Henryk llevaba una vida difícil. La había elegido él y no tenía intención de cambiarla, porque creía que era despreciable vivir de otra manera. Los amigos que valoraban sus conocimientos y cultura le aconsejaban que ingresara en la policía judía, como hacían la mayor parte de los intelectuales; allí estaban a salvo y si eran ingeniosos podían ganar bastante. Henryk rechazaba de plano esa idea. Se enfadaba y la tomaba como un insulto. Con su habitual actitud de honradez estricta decía que no iba a trabajar con ladrones. Nuestros amigos se sintieron ofendidos y Henryk comenzó a acudir todas las mañanas a la calle Nowolipki con una cesta llena de libros. Comerciaba con ellos allí, de pie, goteando sudor en verano y tiritando con las heladas invernales, inflexible, obstinadamente fiel a sus ideas: si como intelectual no podía tener otro contacto con los libros, al menos tendría ése y no caería más bajo.

Cuando Henryk y yo llegábamos a casa con su cesta, los demás generalmente estaban ya allí, esperándonos para el almuerzo. Nuestra madre insistía mucho en que comiéramos juntos: era su dominio y, a su modo, intentaba proporcionarnos algún asidero. Se aseguraba de que la mesa estuviera puesta con esmero, y el mantel y las servilletas impecables. Se empolvaba un poco la cara antes de que nos sentáramos, se arreglaba el pelo y se miraba al espejo para ver si estaba elegante. Aunque se alisaba el vestido con gestos nerviosos, no podía alisar las pequeñas arrugas que contornoeaban sus ojos —más evidentes a medida que pasaban los meses— ni impedir que se volvieran blancos los mechones grises que salpicaban su pelo.

Cuando estábamos sentados a la mesa traía la sopa de la cocina y, mientras la servía, iniciaba la conversación. Procuraba no mencionar temas desagradables, pero si alguno de nosotros cometía esa incorrección social, lo interrumpía en tono amable:

—Todo eso pasará, ya lo verás —decía, y enseguida cambiaba de tema.

Nuestro padre tenía poca inclinación a la melancolía y casi siempre intentaba colmarnos de buenas noticias. Si, por ejemplo, se había producido un ataque racista y luego habían liberado a una decena de hombres a cambio de sobornos, él afirmaba resplandeciente que sabía de buena tinta que todos los hombres de más o de menos de cuarenta años habían sido liberados por una u otra razón; sea como fuere, siempre se suponía que era muy alentador. Si las noticias de la ciudad eran innegablemente malas, se sentaba a la mesa con aspecto deprimido, pero la sopa le devolvía el optimismo. Ya en el segundo plato, a menudo compuesto por verduras, se animaba y charlaba con despreocupación.

Henryk y Regina solían estar absortos en sus pensamientos.

Regina se preparaba mentalmente para el trabajo que hacía en el despacho de un abogado por las tardes. Ganaba sumas insignificantes, pero trabajaba con la misma probidad que si le pagaran millones. Henryk sólo salía de sus sombríos pensamientos para discutir conmigo. Podía pasarse un rato mirándome con cara de asombro para a continuación encogerse de hombros y rezongar, dando salida por fin a sus sentimientos:

—De verdad, sólo un tonto de nacimiento llevaría una corbata como la tuya.

—¡Para tonto, tú, que además eres idiota! —podía contestar yo y ya estaba armada la pelea. Mi hermano no comprendía que yo tuviera que ir bien vestido para tocar el piano en público. En realidad no quería entender, ni mis cosas ni a mí. Ahora que hace tanto tiempo que murió sé que nos queríamos a nuestra manera, a pesar de todo, aunque estuviéramos siempre sacándonos de quicio el uno al otro, tal vez porque en el fondo teníamos un carácter muy parecido.

A Halina era a quien menos entendía. Era la única que no parecía miembro de nuestra familia. Era reservada y nunca manifestaba sus ideas ni sus sentimientos, ni nos decía lo que hacía cuando salía. Siempre volvía a casa impasible e indiferente. Día tras día se limitaba a sentarse a la mesa sin mostrar el menor interés por lo que pudiera ocurrir. No puedo decir cómo era en realidad y ahora ya nunca averiguaré nada más sobre ella.

Nuestro almuerzo era muy sencillo. Casi nunca teníamos carne y nuestra madre preparaba los demás platos economizando mucho. Con todo, resultaban opíparos en comparación con los de la mayoría de la gente del gueto.

En invierno, un húmedo día de diciembre en el que la nieve se había convertido en fango bajo los pies y soplaba un viento glacial por las calles, presencié el almuerzo de un «manilargo». «Manilargo» era el nombre que dábamos en el gueto a alguien sumido en una pobreza tal que debía robar para seguir viviendo. Eran personas que pasaban a toda prisa junto a un viandante que llevara un paquete, se lo arrebataban y se alejaban corriendo, con la esperanza de encontrar algo comestible dentro.

Ese día atravesaba yo la plaza Bank; a pocos pasos delante de mí una pobre mujer llevaba una lata envuelta en papel de periódico, y entre la mujer y yo se arrastraba un anciano harapiento. Encorvado, tiritaba de frío al avanzar sobre la nieve derretida con unos zapatos llenos de agujeros que dejaban ver sus pies enrojecidos. De repente el anciano se abalanzó hacia delante, agarró la lata e intentó arrebatársela a la mujer. No sé si él no tenía fuerza suficiente o si ella llevaba asida la lata con excesiva firmeza; sea como fuere, en lugar de terminar en manos del viejo, la lata cayó al suelo, y una sopa densa y humeante se derramó por la sucia calle.

Los tres quedamos paralizados. La mujer estaba muda de espanto. El «manilargo» miró la lata, luego miró a la mujer y emitió un gemido lastimero. De repente se echó sobre el fango todo lo largo que era y comenzó a lamer la sopa derramada por el pavimento, formando un cuenco con las manos para que no se le escapara nada y sin hacer caso de la reacción de la mujer, que le daba patadas en la cabeza entre alaridos y se mesaba los cabellos desesperada.

7   Un gesto delicado de la señora K.

A comienzos de la primavera de 1942 cesaron de repente en el gueto las cacerías humanas, que hasta entonces habían revestido carácter de persecución sistemática. Si eso hubiera ocurrido dos años antes, la gente se habría sentido aliviada y lo habría tomado como una razón para alegrarse; habría acariciado la ilusión de que era un cambio a mejor. Pero para entonces, después de dos años y medio de vivir junto a los alemanes, nadie podía hacerse ilusiones. Si habían detenido las cacerías era sólo porque se les había ocurrido otra idea mejor para atormentarnos. La cuestión era: ¿Qué idea? La gente se lanzaba a las más fantásticas suposiciones y, en lugar de sentirse más calmada, estaba el doble de nerviosa que antes.

Al menos podíamos dormir tranquilos en casa por el momento, y Henryk y yo no teníamos que pasar toda la noche en la clínica del doctor a la menor alarma. Era un sitio muy incómodo. Henryk dormía sobre la mesa de operaciones y yo en la silla de ginecología, y cuando me despertaba por la mañana lo primero que veía eran las radiografías colgadas a secar por encima de mi cabeza con corazones enfermos, pulmones tuberculosos, vesículas llenas de cálculos y huesos rotos. Sin embargo, nuestro amigo el doctor, que dirigía la sociedad propietaria de la clínica, había tenido razón al decir que ni siquiera durante la más feroz incursión nocturna entrarían los jefes de la Gestapo a registrarla, por lo que era el único lugar en el que podíamos dormir a salvo.

La aparente calma total duró hasta un viernes de la segunda mitad del mes de abril, cuando un inesperado vendaval de miedo barrió el gueto. No parecía que hubiera razón para ello, porque si preguntabas a alguien por qué estaba tan asustado y afligido, o qué pensaba que iba a ocurrir, nadie tenía una respuesta concreta. Pero inmediatamente después del mediodía todas las tiendas cerraron y la gente se escondió en su casa.

Yo no estaba seguro de lo que ocurriría en el café. Fui al Sztuka como de costumbre, pero lo hallé cerrado. Me puse especialmente nervioso al volver a casa cuando, a pesar de todas las indagaciones que hice entre los conocidos míos que solían estar bien informados, no pude averiguar qué pasaba. Nadie lo sabía.

Permanecimos todos levantados y vestidos de calle hasta las once, pero entonces decidimos irnos a la cama porque fuera todo parecía tranquilo. Estábamos casi seguros de que el pánico había sido consecuencia de rumores sin fundamento. Nuestro padre fue el primero en salir por la mañana. Volvió a los pocos minutos, pálido y alarmado: los alemanes habían entrado en muchos edificios durante la noche, habían sacado a la calle a unos setenta hombres y los habían fusilado. Hasta ese momento nadie había recogido los cadáveres.

¿Qué significaba eso? ¿Qué les había hecho esa gente a los alemanes? Estábamos horrorizados e indignados.

La respuesta llegó a primera hora de la tarde, cuando se pegaron carteles en las calles vacías. Las autoridades alemanas nos informaban de que se habían visto obligadas a limpiar nuestra parte de la ciudad de «elementos indeseables», pero que su acción no afectaba a la población leal: las tiendas y los cafés debían volver a abrir de inmediato, y la gente debía reanudar su vida cotidiana, que no corría ningún peligro.

Es verdad que el mes siguiente transcurrió en paz. Era mayo e incluso en el gueto florecían lilas aquí y allá en los escasos jardincillos, mientras que de las acacias colgaban racimos de flores en ciernes que se hacían más pálidas cada día. Cuando estaban a punto de abrirse del todo las flores, los alemanes se acordaron de que existíamos. Pero esta vez había una diferencia: no planeaban ocuparse de nosotros ellos mismos, sino que delegaron la responsabilidad de las cacerías humanas en la policía y la oficina de trabajo judías.

Henryk había tenido razón cuando se negó a entrar en la policía y la describió como una banda de ladrones. Estaba compuesta sobre todo por jóvenes de las clases más prósperas de la sociedad, y entre ellos había varios conocidos de Henryk. A todos nos horrorizaba ver que esos hombres a los que habíamos estrechado la mano y tratado como amigos, hombres que hacía poco eran todavía personas decentes, se habían convertido en seres despreciables. Tal vez se podría decir que habían captado el espíritu de la Gestapo. Tan pronto como se pusieron el uniforme y la gorra de policías, y se colgaron la porra de caucho, su naturaleza cambió. Ahora su máxima ambición era estar en estrecho contacto con la Gestapo, ser útiles a los oficiales de la Gestapo, desfilar por la calle con ellos, hacer gala de sus conocimientos de alemán y competir con sus amos por el rigor en el trato a la población judía. Eso no les impidió formar en la policía una banda de *jazz* que, dicho sea de paso, era excelente.

Durante la cacería humana de mayo cercaron las calles con la profesionalidad de los SS de pura raza. Andaban a zancadas con sus elegantes uniformes, dando grandes y destempladas voces a imitación de los alemanes, y golpeando a la gente con las porras de caucho.

Estaba todavía en casa cuando llegó corriendo mi madre con noticias de la cacería: habían detenido a Henryk. Decidí ayudarlo a escapar a cualquier precio, aunque con lo único que podía contar era con mi popularidad como pianista; ni siquiera tenía la documentación en orden. Conseguí atravesar una serie de cordones, en los que me detenían y luego me dejaban seguir, antes de llegar al edificio de la oficina de trabajo. Delante de él había bastantes hombres a los que los policías, como perros pastores, iban congregando desde todas direcciones. El rebaño seguía aumentando con la llegada de nuevos grupos desde las calles próximas. Con dificultad conseguí llegar hasta el director adjunto de la oficina de trabajo y arrancarle la promesa de que Henryk estaría de nuevo en casa antes de que oscureciera.

Y así fue, aunque —para mi sorpresa— Henryk estaba furioso conmigo. Pensaba que no tenía que haberme rebajado suplicando a seres tan indignos como los policías y el personal de la oficina de trabajo.

—¿Así que habrías preferido que te llevaran, verdad?

—¡Eso no tiene nada que ver contigo! —respondió refunfuñando— Era a mí a quien querían, no a ti. ¿Por qué te metes en los asuntos de los demás?

Me encogí de hombros. ¿Para qué discutir con un loco?

Esa tarde anunciaron que el toque de queda se retrasaba hasta la media noche, con el fin de que las familias de quienes «habían sido enviados a trabajar» tuvieran tiempo para llevarles sábanas, una muda y comida para el viaje. Tanta «magnanimidad» por parte de los alemanes resultaba en verdad conmovedora y se debía en gran parte al esfuerzo de la policía judía por ganarse nuestra confianza.

Hasta mucho después no supe que el millar de hombres capturados en el gueto habían sido llevados directamente al campo de Treblinka, para que los alemanes pudieran probar la efica-

cia de las cámaras de gas y los hornos crematorios recién cons-
truidos.

Pasó otro mes de paz y tranquilidad, y luego, una tarde de
junio, hubo un baño de sangre en el gueto. Estábamos muy lejos
de tener la menor idea de lo que estaba a punto de ocurrir. Hacía
calor y, después de cenar, levantamos las persianas del comedor
y abrimos de par en par las ventanas para que entrara el aire fresco del atardecer. El vehículo de la Gestapo llegó a la casa de enfrente a tal velocidad y los disparos de advertencia fueron tan
rápidos que, antes de que pudiéramos saltar de la mesa y correr
hasta la ventana, las puertas del edificio estaban ya abiertas y
podíamos oír a los SS gritando en su interior. Las ventanas estaban también abiertas y a oscuras, pero oíamos un gran tumulto
detrás de ellas. Rostros asustados emergían de la penumbra y re-
trocedían enseguida. A medida que los alemanes subían por las
escaleras con sus botas de montar, se encendían las luces de una
planta tras otra. En el piso que había justo enfrente del nuestro
vivía un hombre de negocios con su familia; los conocíamos de
vista. Cuando se encendieron también allí las luces e irrumpieron
en la habitación varios SS con casco y las metralletas listas para
disparar, los habitantes de la casa estaban sentados a la mesa
exactamente igual que nosotros un momento antes. Se quedaron
paralizados por el terror. El suboficial que conducía el destacamento se tomó esa actitud como un insulto personal. Mudo de
indignación, permaneció de pie escrutando a los comensales. Momentos después rugió con violencia:

—¡En pie!

Se levantaron de las sillas lo más deprisa posible, todos
menos el cabeza de familia, un anciano impedido. El suboficial
estaba furioso. Se acercó a la mesa, apoyó los brazos en ella, miró
fijamente al anciano y gritó por segunda vez:

—¡En pie!

El anciano se aferró a los brazos de la butaca para apoyarse e hizo esfuerzos desesperados por ponerse en pie, sin conseguirlo. Antes de que pudiéramos comprender lo que ocurría, los alemanes agarraron al enfermo, lo levantaron del suelo con butaca y todo, acercaron la butaca hasta el balcón y la arrojaron a la calle desde el tercer piso.

Nuestra madre lanzó un grito y cerró los ojos. Nuestro padre retrocedió al interior de la habitación. Halina se precipitó tras él y Regina rodeó con su brazo los hombros de mamá, diciendo bastante alto y muy claro, en tono autoritario:

—¡Silencio!

Henryk y yo no podíamos despegarnos de la ventana. Vimos al anciano suspendido en el aire todavía con su butaca durante un segundo o dos, y luego separado de ella. Oímos caer la butaca a la calle y el golpe de un cuerpo al estrellarse contra los adoquines. Nos quedamos allí en silencio, clavados, incapaces de retroceder o de apartar la mirada de la escena que teníamos delante.

Mientras tanto, los SS habían sacado a una veintena de hombres del edificio hasta la calle. Encendieron los faros del coche, obligaron a los prisioneros a ponerse de espaldas a las luces, arrancaron el motor e hicieron que los hombres corrieran por delante de ellos en el blanco cono de luz. Oímos gritos crispados procedentes de las ventanas del edificio y una ráfaga de ametralladora que llegó desde el coche. Los hombres que corrían delante de él cayeron uno tras otro; se alzaban en el aire con los disparos, daban vueltas de campana y describían círculos, como si el tránsito de la vida a la muerte fuera un salto en extremo difícil y complejo. Sólo uno de ellos consiguió apartarse y salir del cono de luz. Corría con todas sus fuerzas y parecía que fuera a alcanzar la calle que cruzaba la nuestra. Pero el coche tenía un foco giratorio en el techo para esa eventualidad. Se encendió, buscó al fugitivo, hubo otra ráfaga y al corredor le llegó el turno de brincar en el aire. Levantó los brazos, se arqueó hacia atrás al saltar y cayó de espaldas.

Todos los SS subieron al coche y se alejaron pasando por encima de los muertos. El vehículo se balanceó un poco, como si hubiera encontrado pequeños baches.

Esa noche murieron en el gueto alrededor de un centenar de personas, pero la operación no causó ni con mucho tanta impresión como la primera. Las tiendas y los cafés abrieron como de costumbre al día siguiente.

Había otra cosa que interesaba a la gente en esa época: entre sus restantes actividades cotidianas, los alemanes se habían aficionado a hacer películas. Nos preguntábamos por qué. Irrumpían en un restaurante y les decían a los camareros que prepararan una mesa con la mejor comida y la mejor bebida. Luego ordenaban a los clientes que rieran, comieran y bebieran, y los tomaban en celuloide divirtiéndose así. Los alemanes filmaban las representaciones de opereta en el cine Femina de la calle Leszno y los conciertos sinfónicos dirigidos por Marian Neuteich que se ofrecían allí mismo una vez por semana. Insistían en que el presidente del Consejo Judío celebrara una lujosa recepción e invitara a todas las personas destacadas del gueto, y también filmaban la recepción. Por último, un día agruparon a cierto número de hombres y mujeres en los baños públicos, les dijeron que se desnudaran y se bañaran en la misma sala, y filmaron la curiosa escena con todo detalle. Sólo mucho más tarde descubrí que esas películas estaban pensadas para la población del Reich y del extranjero. Los alemanes hacían las películas antes de acabar con el gueto, para desmentir posibles rumores en caso de que llegaran al mundo exterior noticias de lo ocurrido. Mostraban lo bien que vivían los judíos de Varsovia, y también lo inmorales y despreciables que eran: para eso servían las escenas de hombres y mujeres judíos compartiendo el baño, desnudándose sin pudor unos delante de otros.

Más o menos hacia la misma época comenzaron a circular por el gueto rumores cada vez más alarmantes y a intervalos cada vez más cortos, aunque como de costumbre eran infundados y uno nunca podía encontrar a nadie que los hubiera originado o que pudiera proporcionar ninguna confirmación de que tenían base real. Un día, por ejemplo, la gente empezó a hablar de las espantosas condiciones del gueto de Lódz, donde a los judíos se les había obligado a poner en circulación una moneda propia de hierro, con la que no se podía comprar nada, y estaban muriendo de inanición a millares. Había quienes se tomaban estas noticias muy en serio y quienes no les prestaban atención. Al poco tiempo la gente dejó de hablar de Lódz, y empezó a hablar de Lublin y Tarnów, donde aparentemente se estaba envenenando a los judíos con gas, aunque nadie pudiera creer de verdad ese cuento. Más creíble era el rumor de que los guetos judíos de Polonia se iban a reducir a cuatro: Varsovia, Lublin, Cracovia y Radom. Luego empezaron a circular rumores que indicaban que los habitantes del gueto de Varsovia iban a ser reasentados en el este y saldrían en transportes de seis mil personas al día. En opinión de algunas personas, esa acción se habría llevado a cabo mucho tiempo atrás de no haber sido por una misteriosa conferencia del Consejo Judío que consiguió convencer a la Gestapo (sin duda mediante soborno) de que no nos reasentaran.

El 18 de julio, sábado, Goldfeder y yo estábamos dando un concierto en el café Pod Fontanna de la calle Leszno a beneficio del famoso pianista Leon Borunski, ganador años atrás del concurso Chopin. Había caído enfermo de tuberculosis y vivía en la indigencia en el gueto de Otwock. El jardín del café estaba abarrotado. Habían asistido cerca de cuatrocientas personas, entre miembros de la buena sociedad y aspirantes a serlo. Casi nadie

podía recordar el último acto social de esas dimensiones, pero la
emoción del público se debía a razones muy distintas: las refina-
das damas de las clases acomodadas y los advenedizos más elegantes estaban, todos, muertos de curiosidad por ver si la señora
L. hablaba a la señora K. ese día. Ambas se dedicaban a hacer
obras de caridad y participaban en las actividades de los comités
que se habían formado en muchos de los edificios más prósperos
para ayudar a los pobres. Su labor benéfica era especialmente
agradable porque implicaba frecuentes fiestas en las que la gente bailaba, se divertía y bebía, y cuyos beneficios se destinaban a
fines caritativos.

La causa de la tirantez entre las dos damas era un incidente que había ocurrido en el café Sztuka pocos días antes. Eran las
dos muy guapas, cada una en su estilo; no se caían nada bien y
hacían lo posible por robarse los admiradores. El más cotizado de
todos ellos era Maurycy Kohn, propietario de ferrocarriles y
agente de la Gestapo, un hombre con el rostro atractivo y delica-
do de un actor.

Esa tarde las dos damas habían estado divirtiéndose en el
Sztuka. Sentadas en el bar, cada una rodeada de su pequeño círculo de admiradores, habían rivalizado por pedir las bebidas más
rebuscadas y hacer que el acordeonista de la banda de *jazz* tocara en su mesa las canciones de mayor éxito. La señora L. fue la
primera en salir. No sabía que, mientras había estado dentro, una
mujer desfallecida por el hambre se había arrastrado a lo largo de
la calle hasta sufrir un colapso e ir a morir a la puerta del bar. Des-
lumbrada por las luces del café, la señora L. tropezó con la mujer muerta al salir. Al ver el cadáver, cayó presa de convulsiones
y no había manera de calmarla. No le ocurrió lo mismo a la señora K., que para ese momento ya había sido informada del incidente. Cuando salió a la calle lanzó un chillido de terror, pero de
inmediato, como si se hubiera repuesto por la profundidad de su

compasión, se acercó a la mujer muerta, sacó quinientos zlotys de su bolso y le dio el dinero a Kohn, que estaba detrás de ella.

—Por favor, ocúpese en mi nombre de que tenga un entierro decente.

Una de las damas de su círculo susurró, suficientemente alto para que todo el mundo lo oyera:

—¡Un ángel, como siempre!

La señora L. no pudo perdonarle esto a la señora K. Al día siguiente la tildaba de «lagarta de baja estofa» y decía que nunca volvería a hablarle. La tarde del concierto las dos damas iban a acudir al café Pod Fontanna y los jóvenes más distinguidos del gueto se morían de curiosidad por ver qué ocurría cuando se encontraran.

Había terminado la primera mitad del concierto, y Goldfeder y yo salimos a la calle a fumar un cigarrillo en el descanso. Nos habíamos hecho amigos y llevábamos un año actuando como dúo; ahora está muerto, aunque en ese momento sus perspectivas de supervivencia parecían mejores que las mías. Era un excelente pianista y además abogado. Había obtenido el título del conservatorio al mismo tiempo que el de la facultad de derecho de la universidad, pero era en extremo autocrítico y había llegado a la conclusión de que nunca llegaría a ser de verdad un pianista de primera, por lo que se había dedicado al derecho; sólo durante la guerra se convirtió de nuevo en pianista.

Era sumamente conocido en la Varsovia de antes de la guerra gracias a su inteligencia, su encanto personal y su elegancia. Más adelante se las arregló para escapar del gueto y sobrevivir durante dos años escondido en casa del escritor Gabriel Karski. Una semana antes de la invasión del ejército soviético fue fusilado por los alemanes en una pequeña ciudad no lejos de las ruinas de Varsovia.

Fumábamos y charlábamos, y nos sentíamos menos agotados a cada nueva bocanada de aire. Había sido un día hermoso. El sol estaba ya oculto detrás de los edificios; sólo los tejados y las ventanas de los pisos superiores tenían todavía un brillo carmesí. El intenso azul del cielo se desvanecía en un tono más pálido, surcado de golondrinas. Iban apareciendo claros en la muchedumbre de las calles, que incluso parecía menos sucia e infeliz de lo habitual, bañada por la luz azul, carmesí y dorada del atardecer.

Entonces vimos a Kramsztyk caminando hacia nosotros. Los dos nos sentimos complacidos: teníamos que hablar con él en la segunda mitad del concierto. Había prometido pintarme un retrato y quería comentar los detalles con él.

Sin embargo, no conseguimos convencerlo de que entrara. Parecía deprimido, inmerso en pensamientos tenebrosos. Un momento antes había oído, de una fuente fiable, que esta vez el reasentamiento de la gente del gueto era inevitable: al otro lado del muro el comando de exterminio alemán estaba listo para actuar, para comenzar las operaciones.

8   Un hormiguero amenazado

En esos días Goldfeder y yo estábamos intentando organizar un concierto matinal por el aniversario de la formación de nuestro dúo. Iba a ser en el jardín del Sztuka el sábado 25 de julio de 1942. Nos sentíamos optimistas. Teníamos el corazón puesto en ese concierto y nos habíamos tomado muchas molestias para prepararlo. Estábamos en vísperas del acontecimiento y apenas podíamos creer que se fuera a celebrar. Confiábamos en que los rumores sobre el reasentamiento se demostraran infundados una vez más. El domingo 19 de julio toqué en el jardín de otro café, en la calle Nowolipki, sin saber que iba a ser mi última actuación en el gueto. El jardín del café estaba lleno, pero el ambiente era bastante sombrío.

Después de la actuación pasé por el Sztuka. Era tarde y ya no quedaba nadie en el café; sólo los empleados se afanaban en los últimos quehaceres del día. Me senté un momento con el encargado. Estaba muy apagado y daba las órdenes sin convicción, como para cubrir las apariencias.

—¿Estás ya preparando todo para nuestro concierto del sábado? —pregunté.

Me miró como si no supiera de qué le hablaba. Luego su

rostro mostró cierta compasión irónica por mi ignorancia de los acontecimientos que habían dado un giro totalmente diferente al destino del gueto.

—¿Pero crees que el sábado seguiremos vivos? —inquirió, inclinándose sobre la mesa para acercarse a mí.

—¡Estoy seguro de que sí! —respondí.

Entonces, como si mi respuesta le hubiera abierto nuevas perspectivas de seguridad y como si esa seguridad dependiera de mí, me agarró la mano y dijo con fervor:

—Mira, si de verdad seguimos vivos, puedes pedir lo que quieras para cenar aquí el sábado, por cuenta mía, y... —Dudó un instante pero decidió hacer las cosas bien y añadió—: ¡Y puedes pedir lo mejor de la bodega del Sztuka, también por mi cuenta y en la cantidad que quieras!

Según los rumores, la «operación» de reasentamiento iba a comenzar el domingo por la noche. Sin embargo, esa noche fue tranquila y el lunes por la mañana la gente estaba más animada. Quizá, una vez más, los rumores eran infundados.

Pero a primera hora de la tarde hubo un nuevo brote de pánico: según las últimas informaciones, la operación iba a comenzar esa noche con el reasentamiento de los ocupantes del gueto pequeño y esta vez no había dudas. Agitados grupos de gente que arrastraba bultos y grandes baúles comenzaron a trasladarse desde el gueto pequeño al grande, cruzando la pasarela que los alemanes habían construido sobre la calle Chlodna para cortarnos la última posibilidad de contacto con el barrio ario. Esperaban estar fuera de la zona amenazada antes del toque de queda. Nosotros, siguiendo con la actitud fatalista de mi familia, nos quedamos donde estábamos. Muy entrada la noche los vecinos oyeron noticias de que el cuartel de la policía polaca estaba en alerta. Así que era verdad que estaba a punto de ocurrir algo malo. No me pude dormir hasta las cuatro de la madrugada y permanecí sentado junto a la ventana abierta. Pero esa noche también fue tranquila.

El martes por la mañana Goldfeder y yo fuimos al organismo administrativo del Consejo Judío. Todavía no habíamos perdido la esperanza de que las cosas se resolvieran de algún modo y queríamos obtener información oficial del Consejo sobre los planes alemanes para el gueto a lo largo de los días siguientes. Casi habíamos llegado al edificio cuando pasó a nuestro lado un coche descubierto. En él, rodeado de policías, pálido y sin sombrero, iba el coronel Kon, jefe del departamento de salud comunitaria. Muchos otros funcionarios judíos habían sido arrestados al mismo tiempo y en las calles había comenzado una cacería.

A primera hora de la tarde de ese mismo día ocurrió algo que conmocionó toda Varsovia a ambos lados del muro. Un famoso cirujano polaco, el doctor Raszeja, destacado experto en su campo y profesor de la Universidad de Poznan, había sido llamado al gueto para realizar una difícil intervención quirúrgica. El cuartel general de la policía alemana en Varsovia le había dado un salvoconducto para entrar en el gueto, pero cuando ya estaba allí y había comenzado la intervención, los SS irrumpieron en el piso donde se desarrollaba y dispararon primero sobre el paciente, que estaba anestesiado en la mesa de operaciones, y luego sobre el cirujano y todos los demás presentes.

El miércoles 22 de julio fui a la ciudad hacia las diez de la mañana. El ambiente en las calles era un poco menos tenso que la noche anterior. Circulaba un rumor tranquilizador en el sentido de que los funcionarios del Consejo arrestados la víspera habían sido puestos en libertad. Así pues, los alemanes no pensaban reasentarnos todavía, porque en ese caso (como sabíamos por informes llegados de fuera de Varsovia, donde hacía mucho tiempo que habían sido reasentadas comunidades mucho más pequeñas) siempre comenzaban liquidando a los funcionarios.

Eran las once cuando llegué a la pasarela sobre la calle Chlodna. Caminaba sumido en mis pensamientos, y al principio no me di cuenta de que la gente se había detenido en lo alto del puentecillo y señalaba algo. Luego todo el mundo se dispersó con gran nerviosismo.

Estaba a punto de subir los escalones que conducían hasta el arco de madera de la pasarela, cuando un amigo al que hacía bastante tiempo que no veía me agarró por el brazo.

—¿Qué haces aquí? —Estaba muy agitado y al hablar tenía un temblor cómico en el labio inferior, como el del hocico de un conejo— ¡Vuelve a casa enseguida!

—¿Qué ocurre?

—La operación empieza dentro de una hora.

—Eso es imposible

—¿Imposible? —lanzó una carcajada amarga y nerviosa, me hizo girar hasta ponerme de cara a la barandilla y señaló hacia la calle Chlodna— ¡Mira eso!

Un destacamento de soldados vestidos con un uniforme amarillo que no conocíamos marchaba por la calle Chlodna, conducido por un suboficial alemán. Cada pocos pasos la unidad se detenía y uno de los soldados se quedaba en posición junto al muro del gueto.

—¡Ucranianos! ¡Estamos rodeados! —sollozó casi. Luego bajó las escaleras a toda prisa, sin despedirse.

En efecto, hacia mediodía las tropas comenzaron a desalojar los domicilios de ancianos y veteranos, y los refugios nocturnos. En estos últimos vivían campesinos judíos de los alrededores de Varsovia que habían sido internados en el gueto, así como judíos expulsados de Alemania, Checoslovaquia, Rumania y Hungría. A primera hora de la tarde había ya carteles por la ciudad que anunciaban el comienzo de la operación de reasentamiento. Todos los judíos aptos para el trabajo iban a ir al este. Cada uno podía llevar veinte kilos de equipaje, provisiones para dos días y sus joyas. Cuando llegaran a su destino, los que estuvieran en condiciones de trabajar serían alojados en cuarteles y ocuparían puestos de trabajo en las fábricas alemanas de la región. Sólo estaban exentos los funcionarios del Consejo y las instituciones sociales judías. Por primera vez un decreto no llevaba la firma del presidente del Consejo Judío. Czerniaków se había dado muerte tomando cianuro.

Finalmente había ocurrido lo peor: todo un barrio de medio millón de habitantes iba a ser reasentado. Parecía absurdo, nadie podía creerlo.

Durante los primeros días la operación se desarrolló por el sistema de lotería. Se rodeaban edificios al azar, ora en una parte del gueto, ora en otra. De un silbido se convocaba en el patio de una casa a sus habitantes; todos ellos eran cargados sin excepción —sea cual fuera su edad y su sexo, desde bebés hasta ancianos— en vehículos tirados por caballos que los transportaban hasta el *Umschlagplatz*, el centro de reunión y tránsito. Entonces se apiñaba a las víctimas en vagones y se las enviaba hacia lo desconocido.

Al principio toda la operación la realizaba la policía judía, conducida por tres ayudantes de los verdugos alemanes: el coronel Szerynski, y los capitanes Lejkin y Ehrlich, que no eran menos peligrosos y despiadados que los propios alemanes. Tal vez eran incluso peores, porque cuando encontraban a gente que se había ocultado en algún rincón en vez de bajar al patio, era fácil convencerlos para que cerraran los ojos, pero sólo a cambio de dinero. No los conmovían las lágrimas ni las súplicas, ni siquiera el llanto desesperado de los niños.

Como se habían cerrado las tiendas y se habían cortado todos los suministros del gueto, el hambre se extendió un par de días después, alcanzando esta vez a todo el mundo. La gente no permitió que eso le afectara gran cosa: estaba detrás de algo más importante que la comida. Quería certificados de empleo.

Sólo se me ocurre una comparación capaz de dar una idea de nuestra existencia en esos días y horas terribles: era como vivir en un hormiguero amenazado. Cuando el pie brutal de algún idiota desconsiderado comienza a destruir la vivienda de esos insectos con el tacón de su bota de clavos, las hormigas corren a toda prisa de aquí para allá, buscando cada vez con más empeño una salida, una forma de ponerse a salvo; pero, sea porque se encuentran paralizadas por lo repentino del ataque, o preocupadas por la suerte de su descendencia y de cualquier cosa que puedan salvar, vuelven hacia atrás una y otra vez como si estuvieran bajo alguna influencia funesta, en lugar de ponerse a salvo, y regresan siempre a las mismas sendas y los mismos lugares, incapaces de salir del círculo mortal: así mueren. Igual que nosotros.

Aunque fue un periodo terrible para la población judía, los alemanes hicieron muy buenos negocios. En el gueto brotaron empresas alemanas como los hongos después de la lluvia, y todas estaban dispuestas a hacernos certificados de empleo. Naturalmente por unos cuantos miles, pero la magnitud de las sumas no disuadió a la gente. A la puerta de esas empresas había largas colas, que asumían proporciones gigantescas en el caso de las oficinas de fábricas realmente grandes e importantes, como Toebbens y Schultz. Quienes habían tenido la suerte de hacerse con certificados de empleo prendían pequeños letreros en sus ropas con el nombre del lugar donde se suponía que trabajaban. Pensaban que eso los protegía del reasentamiento.

Podría haber conseguido sin dificultad uno de tales certificados, pero otra vez, como ocurrió con la vacuna del tifus, sólo para mí. A ninguno de mis conocidos, ni siquiera a los mejor relacionados, le habría resultado concebible la idea de proporcionar certificados para toda mi familia. Seis certificados gratis: sin duda era esperar mucho, pero yo no podía permitirme el lujo de pagar siquiera el precio más bajo para todos nosotros. Vivía al día y nos comíamos todo lo que ganaba. El comienzo de la operación en el gueto me había sorprendido con sólo unos cuantos cientos de zlotys en el bolsillo. Estaba destrozado por mi impotencia y por tener que ver cómo mis amigos ricos garantizaban de la manera más fácil la seguridad de su familia. Descuidado, con la barba crecida, sin haber probado bocado, me pasaba el día yendo de una empresa a otra y pidiendo a la gente que se apiadara de nosotros. Después de seis días así, llamando a todas las puertas posibles, conseguí reunir los certificados.

Debió de ser la semana anterior al comienzo de la operación cuando vi a Roman Kramsztyk por última vez. Estaba demacrado y nervioso, pero trataba de ocultarlo. Le alegró verme.

—Qué, ¿todavía no has salido de gira? —dijo, tratando de hacer una broma.

—No. —Fue toda mi respuesta. No me apetecía bromear. Luego le hice las preguntas que nos hacíamos siempre entonces— ¿Qué piensas? ¿Nos reasentarán a todos?

En lugar de responder a mi pregunta, la eludió con una exclamación:

—¡Qué mal aspecto tienes! —Me miró con aire compasivo—. Te tomas todo esto demasiado en serio.

—¿Cómo evitarlo? —dije, encogiéndome de hombros.

Sonrió, encendió un cigarrillo, estuvo un momento callado y luego prosiguió:

—Ya verás como todo esto termina el día menos pensado, porque... —y abrió los brazos— porque realmente no tiene ningún sentido, ¿verdad?

Dijo esto con una convicción entre cómica y desvalida, como si la absoluta insensatez de lo que estaba ocurriendo fuera prueba evidente de que iba a terminar.

Por desgracia, no fue así. Las cosas incluso empeoraron con la llegada de los lituanos y ucranianos en los días siguientes. Eran tan venales como la policía judía, pero de modo diferente. Aceptaban sobornos y, en cuanto los habían recibido, mataban a la gente cuyo dinero acababan de aceptar. Les gustaba matar de cualquier manera: por deporte o para facilitar su trabajo, como práctica de tiro o por mera diversión. Mataban a un niño ante los ojos de su madre y encontraban graciosa la desesperación de ésta. Disparaban a la gente en el estómago para ver cómo sufría. A veces unos cuantos ponían a sus víctimas en fila y les lanzaban granadas de mano desde cierta distancia para ver quién tenía mejor puntería. En todas las guerras se señalan pequeños grupos que comparten origen étnico: minorías demasiado cobardes para luchar a las claras, demasiado insignificantes para desempeñar un papel político independiente, pero lo suficientemente despreciables para actuar como verdugos a sueldo de una de las potencias en liza. En esta guerra fueron los fascistas ucranianos y lituanos.

Roman Kramsztyk fue uno de los primeros en morir cuando empezaron a tomar parte en la operación de reasentamiento. El edificio en el que vivía fue rodeado, pero él no bajó al patio al oír el silbato. Prefirió que lo fusilaran en casa, entre sus cuadros.

Hacia esa época murieron los agentes de la Gestapo Kon y Heller. No habían afianzado su posición con suficiente habilidad, o tal vez eran demasiado ahorrativos. Sólo pagaban a uno de los dos cuarteles generales de las SS en Varsovia y tuvieron la mala suerte de caer en manos de hombres del otro. Las autorizaciones que presentaron, al proceder de la unidad rival de las SS, enfurecieron aún más a sus captores, que no se contentaron con disparar sin más contra Kon y Heller, sino que dispusieron que fueran a recogerlos camiones de basura y sobre ellos, entre desechos e inmundicias, hicieron los dos potentados su último viaje a través del gueto hasta una fosa común.

Los ucranianos y los lituanos no prestaban atención a ningún certificado de empleo. Los seis días que dediqué a hacerme con los nuestros fueron tiempo perdido. Pensé que había que trabajar de verdad; la cuestión era cómo lograrlo. Me descorazoné del todo. Me pasaba el día en la cama oyendo los sonidos que llegaban de la calle. Cada vez que oía retumbar ruedas sobre el pavimento era presa del pánico. Esos vehículos se llevaban a la gente al *Umschlagplatz*. Pero no siempre atravesaban el gueto en línea recta: cualquiera de ellos podía detenerse a la puerta de nuestro edificio. En cualquier momento podíamos oír el silbato en el patio. Una y otra vez saltaba de la cama para asomarme a la ventana, me tumbaba de nuevo y volvía a levantarme.

Era el único de la familia que actuaba con tan vergonzosa falta de carácter. Quizá fuera porque, al ser el único que tenía alguna posibilidad de salvar al resto por mi popularidad como intérprete, me sentía responsable.

Mis padres y hermanos sabían que no tenían nada que hacer. Se concentraban en controlarse al máximo y mantener la ficción de una vida cotidiana normal. Nuestro padre tocaba el violín todo el día, Henryk estudiaba, Regina y Halina leían, y nuestra madre nos zurcía la ropa.

Los alemanes dieron con otra brillante idea para facilitar su trabajo. Colocaron en las paredes decretos que decían que todas las familias que se presentaran de manera voluntaria en el *Umschlagplatz* para «emigrar» recibirían una hogaza de pan y un kilo de mermelada por persona, y que esas familias voluntarias no serían separadas. La oferta tuvo una respuesta masiva. La gente se mostró ansiosa de aceptarla porque estaba hambrienta, y porque tenía la esperanza de recorrer en compañía el camino, difícil y desconocido, hacia su destino.

De manera inesperada, Goldfeder vino en nuestra ayuda. Tenía la posibilidad de emplear a determinado número de personas en el centro de recogida próximo al *Umschlagplatz* donde se clasificaban los muebles y enseres de las viviendas de los judíos que ya habían sido reasentados. Encontró acomodo allí para nuestro padre, Henryk y yo, y luego conseguimos que se nos unieran las mujeres de la familia, aunque ellas no trabajaban en el centro de recogida sino que cuidaban de nuestro nuevo «hogar» en el edificio que era nuestro cuartel. Las raciones no eran nada especial: recibíamos cada uno media hogaza de pan y cuarto de litro de sopa al día, y teníamos que administrarlo bien para saciar el hambre lo mejor posible.

Fue mi primer trabajo para los alemanes. Acarreaba muebles, espejos, alfombras, ropa interior, ropa de casa y vestidos todo el día, de la mañana a la noche: cosas que habían pertenecido a alguien sólo unos días antes, que habían mostrado que determinado interior era el hogar de personas con o sin gusto, ricas o pobres, amables o crueles. Ahora no pertenecían a nadie; se incorporaban a pilas y montones de objetos, se trataban sin ningún cuidado y, sólo en ocasiones, cuando transportaba en mis brazos un hato de ropa interior, surgía de él con gran delicadeza, como un recuerdo, la fragancia del perfume favorito de alguien o acertaba a ver por un instante monogramas de color sobre un fondo blanco. Pero no tenía tiempo de pensar en esas cosas. Cualquier instante de contemplación o de distracción acarreaba un doloroso golpe con la porra de caucho, o una patada con la bota de puntera metálica de un policía. Podía costar incluso la vida, como les ocurrió a los jóvenes que fueron fusilados en el acto porque se les cayó un espejo de salón y se les rompió.

A primera hora de la mañana del 2 de agosto llegó la orden de que todos los judíos tenían que dejar el gueto pequeño antes de las seis de la tarde de ese día. Conseguí sacar tiempo para ir a buscar algo de ropa a la calle Sliska, además de mis composiciones, una colección de reseñas de mis actuaciones y mi trabajo creativo como compositor, y el violín de nuestro padre. Me lo llevé a nuestro cuartel, con mucho trabajo, en un carro de mano. Era todo lo que teníamos.

Un día, hacia el 5 de agosto, en el que había hecho un breve descanso en el trabajo y caminaba por la calle Gesia, vi a Janusz Korczak y sus huérfanos abandonar el gueto.

Se había ordenado que la evacuación del orfanato judío que dirigía Janusz Korczak se realizara esa mañana. Los niños tenían que salir solos. Él tuvo la oportunidad de salvarse, pero consiguió con muchas dificultades que los alemanes se lo llevaran también. Había dedicado largos años de su vida a los niños y ahora, en el último viaje, no iba a dejarlos solos. Quería facilitarles las cosas. Les dijo a los huérfanos que se iban al campo, así que debían estar alegres. Por fin podrían cambiar los horribles y agobiantes muros de la ciudad por praderas llenas de flores, arroyos en los que bañarse, y bosques rebosantes de bayas y setas. Les dijo que se pusieran sus mejores ropas y así salieron al patio, de dos en dos, bien vestidos y de excelente humor.

Al frente de la pequeña columna iba un SS que, como buen alemán, amaba a los niños, incluso cuando estaba a punto de verlos en camino hacia el otro mundo. Sentía especial aprecio por un muchacho de doce años, violinista, que llevaba su instrumento bajo el brazo. El SS le dijo que se pusiera en cabeza del cortejo y tocara, y así iniciaron la marcha.

Cuando me los encontré en la calle Gesia iban sonrientes y cantando a coro; el pequeño violinista tocaba para ellos y Korczak llevaba en brazos a dos de los niños más pequeños, que también sonreían, y les contaba algún cuento divertido.

Estoy seguro de que incluso en la cámara de gas, cuando el fluido letal los estuviera ahogando y convirtiendo en terror la esperanza de sus corazones, «el viejo doctor» les susurraría en un último esfuerzo que todo estaba bien y que todo iba a salir bien, para ahorrar a sus pupilos, al menos, el miedo ante el paso de la vida a la muerte.

Finalmente, el 16 de agosto de 1942 llegó nuestro turno. Se había hecho una selección en el centro de recogida, y sólo Henryk y Halina fueron aprobados como aptos para trabajar. A nuestro padre, a Regina y a mí nos dijeron que volviéramos al cuartel. Una vez que estuvimos allí, rodearon el edificio y oímos el silbato en el patio.

Era inútil seguir luchando. Había hecho cuanto había podido para salvarnos, a mis seres queridos y a mí. Desde el principio había resultado evidente que era imposible. Quizá al menos a Halina y a Henryk les iría mejor que al resto de nosotros.

Nos vestimos deprisa, entre gritos y disparos que llegaban del patio. Nuestra madre hizo un pequeño fardo con todo lo que encontró a mano y bajamos las escaleras.

9 El *Umschlagplatz*

El *Umschlagplatz* estaba en el límite del gueto. Era un recinto junto a las vías muertas del ferrocarril, rodeado por una maraña de calles, callejuelas y senderos mugrientos. A pesar de su aspecto poco atractivo, antes de la guerra había habido ricos allí. Una de las vías muertas había sido el destino de grandes cantidades de mercancías de todo el mundo. Comerciantes judíos negociaban con ellas para luego suministrarlas a tiendas de Varsovia desde los almacenes de la calle Nalewski y el pasaje Simon. El lugar era un enorme óvalo, en parte rodeado por edificios y en parte cercado, con una serie de calles que afluían a él, como arroyos a un lago, y enlazaban con la ciudad. La zona había sido cerrada con puertas en las desembocaduras de las calles y podía contener hasta ocho mil personas.

Cuando llegamos allí, el recinto estaba aún bastante vacío. La gente iba y venía, buscando agua en vano. Era un día cálido y radiante de finales de verano. El cielo tenía un color azul grisáceo, como si fuera a convertirse en ceniza por el calor que ascendía desde el suelo pisoteado y los muros deslumbrantes de los edificios, y el ardiente sol extraía las últimas gotas de sudor de los cuerpos agotados.

En uno de los márgenes del recinto, junto a la desemboca-
dura de una calle, había un espacio sin ocupar. Todo el mundo lo
evitaba y lanzaba miradas de horror hacia él. Había unos cuerpos
tendidos en el suelo: los cadáveres de quienes habían sido asesinados el día anterior por algún delito, tal vez incluso por intentar
escapar. Entre cadáveres de hombres se veían los cuerpos de una
mujer joven y dos muchachas con el cráneo destrozado. El muro
a cuyo pie yacían los cuerpos mostraba restos de sangre y sustan-
cia cerebral. Los niños habían sido asesinados con uno de los métodos preferidos de los alemanes: agarrándolos por las piernas,
los lanzaban violentamente contra el muro. Grandes moscas negras se posaban en los cadáveres y en los charcos de sangre del
suelo, y los cuerpos se hinchaban y descomponían casi a ojos vis-
tas por el calor.

Nos habíamos instalado lo mejor que habíamos podido
para esperar el tren. Mi madre estaba sentada sobre el fardo con
nuestras cosas y Regina a su lado, en el suelo; yo permanecía de
pie y mi padre caminaba nervioso con los brazos a la espalda,
dando cuatro pasos en una dirección y cuatro pasos de vuelta.
Sólo entonces, a la deslumbrante luz del sol, cuando ya carecía de
sentido preocuparse por ningún plan inútil que nos salvara, tuve
tiempo de examinar atentamente a mi madre. Parecía asustada,
aunque se esforzaba por mantener pleno control sobre sí misma.
Su pelo, en otro tiempo hermoso y siempre muy cuidado, apenas
tenía ya color y le caía desgreñado sobre la cara, llena de arrugas
y agobiada por las preocupaciones. Había desaparecido la luz de
sus brillantes ojos negros y un tic nervioso le recorría el rostro
desde la sien derecha, por la mejilla, hasta la comisura de los labios. Nunca antes me había fijado en ese gesto, una muestra de
hasta qué punto estaba alterada mi madre por la escena que nos
rodeaba. Regina lloraba cubriéndose la cara con las manos y las
lágrimas se le escapaban entre los dedos.

Cada cierto tiempo llegaban vehículos hasta las puertas del *Umschlagplatz* con nuevos grupos de gente destinada al reasentamiento. Los recién llegados no ocultaban su desesperación. Los hombres daban grandes voces, y las mujeres que habían sido separadas de sus hijos gritaban y sollozaban desconsoladas. Pero enseguida la atmósfera de plomiza apatía que reinaba en el recinto comenzaba a afectarlos también a ellos. Se iban tranquilizando y sólo de vez en cuando había un breve estallido de pánico, al entrar un SS que pasaba a matar a alguien que no se había apartado de su camino con suficiente rapidez o cuya expresión no era suficientemente humilde.

Había una joven sentada en el suelo no lejos de nosotros. Tenía el vestido desgarrado y el pelo en desorden, como si hubiera peleado con alguien. Sin embargo, permanecía allí sentada bastante tranquila, con el rostro inexpresivo y los ojos fijos en algún punto del espacio. Se agarraba la garganta con los dedos muy abiertos y de cuando en cuando preguntaba, con monótona regularidad:

—¿Por qué lo he hecho? ¿Por qué lo he hecho?

Un joven que estaba de pie junto a ella, sin duda su marido, trataba de consolarla y convencerla de algo hablándole con dulzura, pero no parecía hacerle mella.

Nos encontramos con conocidos entre las personas conducidas al recinto. Se nos acercaban, nos saludaban y, por la fuerza de la costumbre, intentaban conversar, pero la charla se interrumpía enseguida. Se alejaban, para ver si solos podían dominar mejor su preocupación.

El sol estaba cada vez más alto y brillaba con más fuerza, y el tormento del hambre y la sed se acrecentaba. La noche anterior habíamos terminado con el pan y la sopa que nos quedaba. Era difícil permanecer quieto en un sitio, así que decidí dar una vuelta; tal vez así me sentiría mejor.

Cuanta más gente llegaba, más se congestionaba la plaza; había que caminar sorteando los grupos de personas sentadas y tumbadas. En todos se hablaba del mismo tema: adónde nos iban a llevar y si de verdad nos mandaban a trabajar, como insistía en decirnos la policía judía.

Vi a un grupo de personas de edad tendidas en el suelo en una zona del recinto, hombres y mujeres que probablemente habían sido evacuados de una residencia de ancianos. De una delgadez espantosa, agotados por el hambre y el calor, era evidente que estaban al límite de su resistencia. De algunos, tumbados con los ojos cerrados, era imposible decir si ya estaban muertos o sólo muriéndose. Si íbamos a ser mano de obra, ¿qué hacían allí esos ancianos?

Mujeres con niños en brazos se arrastraban de grupo en grupo mendigando una gota de agua. Los alemanes habían cortado a propósito el abastecimiento de agua del *Umschlagplatz*. Los ojos de los niños estaban como sin vida, con los párpados caídos: las cabecitas colgaban de los delgados cuellos y los labios resecos se abrían como bocas de pececillos arrojados a la orilla por los pescadores.

Cuando volví junto a mi familia ya no estaban solos. Un amigo de nuestra madre se había sentado junto a ella, y su marido, en otro tiempo propietario de una gran tienda, se había unido a mi padre y a otro conocido de ambos. El comerciante estaba bastante optimista. Sin embargo, su compañero, un dentista que tenía la consulta en la calle Sliska, no lejos de nuestro piso, veía todo con tintes muy oscuros. Estaba nervioso y amargado.

—¡Qué vergüenza para todos nosotros! —casi gritó— ¡Les estamos dejando que nos lleven a la muerte como ovejas que van al matadero! ¡Si atacáramos a los alemanes nosotros, que somos medio millón, podríamos escapar del gueto o al menos moriríamos con honor, no como una mancha en el rostro de la Historia!

Nuestro padre escuchaba. Bastante incómodo pero con una sonrisa amable, se encogió un poco de hombros y preguntó:

—¿Cómo puedes estar tan seguro de que nos envían a la muerte?

—Bueno, claro que no lo sé de cierto. ¿Cómo voy a saberlo? ¿Nos lo iban a decir? ¡Pero puedes estar seguro al noventa por ciento de que piensan aniquilarnos!

Nuestro padre sonrió otra vez, como si estuviera todavía más seguro de sí mismo después de esa respuesta:

—Mira —le dijo, señalándole la muchedumbre concentrada en el *Umschlagplatz*—. ¡No somos héroes! Somos gente normal y corriente, y por eso preferimos arriesgarnos y confiar en ese diez por ciento de posibilidades de vivir.

El comerciante estaba de acuerdo con mi padre. Su opinión era también diametralmente opuesta a la del dentista: los alemanes no podían ser tan tontos como para desperdiciar la ingente mano de obra potencial que representaban los judíos. Él pensaba que íbamos a ir a campos de trabajo, tal vez dirigidos de manera muy estricta, pero que seguramente no iban a matarnos.

Mientras tanto, la esposa del comerciante estaba contándoles a nuestra madre y a Regina que había dejado su vajilla de plata emparedada en el sótano, y que esperaba encontrarla allí cuando volviera de la deportación.

A primera hora de la tarde vimos cómo conducían al recinto a un nuevo grupo de personas destinadas al reasentamiento. Nos heló la sangre descubrir a Henryk y Halina entre ellos. Así que iban a compartir también nuestro destino, con lo que nos había consolado pensar que al menos ellos dos se salvarían.

Corrí al encuentro de Henryk, convencido de que su estúpida rectitud tenía la culpa de que Halina y él estuvieran allí. Lo bombardeé con preguntas y reproches antes de que pudiera decir ni una palabra, pero de cualquier forma no iba a dignarse responderme. Se encogió de hombros, sacó del bolsillo un librito de Shakespeare en edición de Oxford, se puso a nuestro lado y empezó a leer.

Fue Halina quien nos contó lo ocurrido. Se enteraron en el trabajo de adónde nos habían llevado y se ofrecieron voluntarios para ir al *Umschlagplatz* porque querían estar con nosotros.

¡Qué reacción emocional más estúpida la suya! Decidí que tenía que sacarlos de allí a cualquier precio. Al fin y al cabo, no estaban en la lista de reasentamiento. Podían permanecer en Varsovia.

El policía judío que los había llevado me conocía del café Sztuka y yo suponía que podría ablandar su corazón con bastante facilidad, sobre todo porque no había ninguna razón formal para que ellos dos estuvieran allí. Por desgracia, calculé mal: no quiso ni oír hablar de que se fueran. Como todos los policías, estaba obligado a entregar a cinco personas en el *Umschlagplatz* todos los días, so pena de ser reasentado él si no lo cumplía. Con Halina y Henryk alcanzaba su cuota diaria de cinco. Estaba cansado y no tenía intención de dejarlos ir para tener que ponerse a cazar a otras dos personas, Dios sabía dónde. En su opinión las cacerías no eran tarea fácil, porque la gente no iba cuando la policía la llamaba, sino que se escondía, y en cualquier caso estaba harto de todo el asunto.

Volví adonde estaba mi familia con las manos vacías. Incluso ese último intento de salvar por lo menos a dos de ellos había fracasado, igual que todos mis esfuerzos anteriores. Me senté junto a nuestra madre muy abatido.

Eran ya las cinco de la tarde, pero seguía haciendo el mismo calor y la aglomeración aumentaba a cada hora que pasaba. Algunas personas se perdían entre la masa y llamaban inútilmente a sus acompañantes. Oíamos disparos y gritos que indicaban que había cacerías en las calles próximas. La agitación se intensificaba a medida que se acercaba la hora a la que supuestamente iba a llegar el tren.

La mujer que estaba junto a nosotros seguía con la eterna pregunta —«¿Por qué lo he hecho?»— que nos crispaba los nervios más que ninguna otra cosa. Para ese momento ya sabíamos de qué hablaba. Lo había averiguado nuestro amigo el comerciante. Cuando a todo el mundo le dijeron que abandonara el edificio, esa mujer, su marido y su hijo se habían escondido en un lugar preparado de antemano. Al pasar la policía por delante, el bebé empezó a llorar y la madre, aterrorizada, lo asfixió con sus propias manos. Pero, por desgracia, ni siquiera eso sirvió. La policía había oído el llanto del niño y descubrió el escondite.

En determinado momento se abrió paso entre la multitud en dirección a nosotros un chico con una caja de dulces colgada de una cuerda en torno a su cuello. Los vendía a precios ridículos, aunque sólo el cielo sabe qué pensaba que iba a hacer con el dinero. Reuniendo los últimos céntimos que nos quedaban, compramos un caramelo de nata. Nuestro padre lo dividió en seis trozos con su cortaplumas. Fue nuestra última comida juntos.

Hacia las seis se cernió sobre el recinto una intensa sensación de inquietud. Habían llegado varios vehículos alemanes y la policía inspeccionaba a quienes estaban destinados al reasentamiento, descartando a los jóvenes y fuertes. Era evidente que esos afortunados iban a servir para otros fines. Una masa de muchos miles de personas empezó a empujar en esa dirección; gritaban y trataban de adelantarse para mostrar sus cualidades físicas. Los alemanes respondieron haciendo fuego. El dentista, que todavía estaba en nuestro grupo, apenas pudo contener la indignación. Se lanzó furioso contra mi padre, como si todo fuera culpa suya:

—¿Me crees ahora cuando digo que nos van a matar a todos? La gente más apta para el trabajo se va a quedar aquí. ¡En esa dirección está la muerte!

La voz se le rompía al intentar imponerla al ruido de la multitud y los disparos, al tiempo que señalaba la dirección que iban a tomar los transportes.

Abatido y apesadumbrado, mi padre no contestó. El comerciante se encogió de hombros y sonrió irónicamente; seguía optimista. No pensaba que la selección de unos pocos cientos de personas significara nada.

Los alemanes habían elegido por fin su mano de obra y se iban, pero la agitación de la multitud no se calmaba. Poco después oímos el silbido de una locomotora en la distancia y el traqueteo de los vagones sobre los raíles al acercarse. A los pocos minutos divisamos el tren: más de una docena de vagones de ganado y de mercancías rodaban lentamente hacia nosotros. La brisa del atardecer, que soplaba de la misma dirección, nos traía una oleada sofocante de olor a cloro.

Al mismo tiempo, el cordón de policías judíos y miembros de las SS que rodeaba el recinto se hizo más denso y comenzó a abrirse paso hasta el centro. Otra vez oímos disparos hechos para asustarnos. De la apretada multitud se elevaban los lamentos de las mujeres y el llanto de los niños.

Estábamos listos para salir. ¿Por qué esperar? Cuanto antes estuviéramos en los vagones, mejor. Había una línea de policía situada a cierta distancia del tren, con lo que quedaba un camino ancho y despejado para la multitud. El camino conducía a las puertas abiertas de los vagones tratados con cloro.

Cuando conseguimos abrirnos paso hasta el tren, los primeros vagones estaban ya llenos. La gente se apiñaba de pie dentro de ellos. Los SS seguían empujando con la culata de sus rifles, a pesar de que desde el interior llegaban fuertes gritos y lamentos por la falta de aire. Además, el olor a cloro hacía que resultara difícil respirar, incluso a cierta distancia de los vagones. ¿Qué habían transportado en ellos para que les hubiera parecido necesario clorarlos tanto? Estábamos hacia la mitad del tren cuando, de repente, oí a alguien gritar:

—¡Aquí, Szpilman! ¡Aquí!

Una mano me agarró por el cuello y tiró de mí hacia atrás, fuera del cordón de policía.

¿Quién se atrevía a hacer algo así? No quería que me separaran de mi familia. ¡Quería estar con ellos!

Lo que veía ahora eran apretadas hileras de policías de espaldas. Me lancé contra ellas, pero no se abrieron. Entre las cabezas de los policías pude ver a nuestra madre y a Regina que, ayudadas por Halina y Henryk, se encaramaban a los vagones, mientras nuestro padre me buscaba con los ojos.

—¡Papá! —grité.

Me vio y dio unos pasos en dirección a mí, pero entonces vaciló y se detuvo. Estaba pálido y le temblaban los labios. Esbozó una dolorida sonrisa de impotencia, levantó la mano y me dijo adiós con ella, como si yo estuviera colocado en el lado de la vida y él me saludara ya desde la tumba. Dio media vuelta y se dirigió a los vagones.

Me lancé de nuevo con todas mis fuerzas contra los hombros de los policías.

—¡Papá! ¡Henryk! ¡Halina!

Grité como si estuviera poseído, aterrorizado al pensar que en ese instante crucial no iba a llegar hasta ellos y quedaríamos separados para siempre.

Uno de los policías se volvió y me miró colérico:

—¿Qué demonios estás haciendo? ¡Vete, sálvate!

¿Salvarme? ¿De qué? En una fracción de segundo supe lo que le esperaba a la gente de los vagones de ganado. Estaba aterrorizado. Miré hacia atrás. Vi el recinto abierto, los andenes del ferrocarril y más allá las calles. Impulsado por un invencible miedo animal, corrí hacia las calles, me deslicé entre una columna de trabajadores del Consejo que salía en ese momento y crucé la puerta.

Cuando pude volver a pensar con claridad me encontraba en una acera, entre edificios. Un SS salía de una de las casas con un policía judío. El alemán tenía un rostro arrogante e impasible; era evidente que el policía se humillaba ante él, le sonreía, se esforzaba por complacerlo. Señalaba hacia el tren que estaba en el *Umschlagplatz* y decía al alemán, con familiaridad de camarada y en tono sarcástico:

—¡Allá van a fundirse!

Miré hacia donde apuntaba. Habían cerrado las puertas de los vagones y el tren estaba poniéndose en marcha, lenta y penosamente.

Volví la cara y avancé tambaleante por la calle vacía, llorando en voz alta, perseguido por los gritos apagados de la gente encerrada en los vagones. Sonaban como un gorjeo de pájaros enjaulados destinados a morir.

10   Una posibilidad de vivir

Seguí caminando todo recto. No me importaba adónde iba. El *Umschlagplatz* y los vagones que se llevaban a mi familia quedaban ahora a mi espalda. No podía oír el tren, que estaba ya a varios kilómetros de la ciudad. Pero sí podía sentir dentro de mí cómo se alejaba. Con cada paso que daba por la acera aumentaba mi soledad. Era consciente de que estaba siendo arrancado de manera irrevocable de todo lo que había constituido mi vida hasta entonces. No sabía qué me esperaba, pero sí estaba seguro de que sería lo peor que pudiera imaginar. No tenía posibilidad de volver al último edificio en el que habíamos vivido. Los SS me matarían en el acto o me enviarían de nuevo al *Umschlagplatz* como si hubiera perdido el transporte de reasentamiento por error. No tenía ni idea de dónde iba a pasar la noche, pero de momento no me importaba en absoluto, aunque en mi inconsciente había un vago temor a la llegada del anochecer.

Las calles parecían recién barridas: las puertas estaban cerradas o habían quedado abiertas de par en par en los edificios que habían sido despojados de sus habitantes. Se acercaba un policía judío. No despertó mi interés y no le habría prestado atención si él no se hubiera detenido y exclamado:

—¡Wladeck!

Cuando yo también me detuve, añadió sorprendido:

—¿Qué haces aquí a estas horas?

Sólo entonces lo reconocí. Era un pariente no muy apreciado en nuestra familia. Lo considerábamos de moral dudosa y procurábamos evitarlo. Siempre encontraba alguna forma de salir de las dificultades y caer de pie empleando métodos que los demás consideraban equivocados. Su entrada en la policía no hizo más que confirmar su mala fama.

En cuanto lo identifiqué bajo su uniforme pasaron por mi mente todos esos pensamientos, pero al instante pensé que en ese momento era mi pariente más cercano, el único en realidad. Sea como fuere, me encontraba ante algo relacionado con el recuerdo de mi familia.

—Es que... —comencé. Iba a contarle cómo se habían llevado a mis padres y mis hermanos, pero no pude pronunciar ni una palabra más. Sin embargo, él lo entendió. Se me acercó y me tomó del brazo.

—Quizá haya sido mejor así —susurró, haciendo un gesto de resignación—. En realidad, cuanto antes, mejor. Es lo que nos espera a todos. —Después de un breve silencio, añadió—: Pero vente a casa. Nos animará un poco a todos.

Acepté y pasé con esos parientes mi primera noche solo. ·

Por la mañana fui a ver a Mieczyslaw Lichtenbaum, hijo del nuevo presidente del Consejo Judío, a quien había conocido bien cuando todavía tocaba el piano en los cafés del gueto. Me dijo que podría tocar en el casino del comando de exterminio alemán, adonde iban por la noche a distraerse los oficiales de la Gestapo y las SS después de un día agotador asesinando judíos. Estaba atendido por judíos que tarde o temprano serían también asesinados. Naturalmente, no quise aceptar semejante oferta, aunque Lichtenbaum no pudo comprender por qué no me atraía y se sintió herido cuando la rechacé. Sin más comentarios, hizo que me enrolara en una columna de trabajadores encargada de demoler los muros del antiguo gueto grande, ahora incorporado a la parte aria de la ciudad.

Al día siguiente salí del barrio judío por primera vez en dos años. Hacía un tiempo espléndido y caluroso en ese día cercano al 20 de agosto. Tan espléndido como desde hacía unas semanas, y como el último día que pasé con mi familia en el *Umschlagplatz*. Caminábamos en columnas de cuatro en fondo, bajo el mando de capataces judíos, escoltadas por dos SS. Nos detuvimos en la plaza Zelazna Brama. ¡De modo que en alguna parte aún había vida como ésta!

Fuera del mercado, cerrado y presumiblemente convertido en una especie de almacén por los alemanes, se habían instalado vendedores ambulantes con cestas llenas de mercancías. La luz del sol avivaba los colores de frutas y verduras, hacía centellear las escamas del pescado y confería un brillo deslumbrante a las tapas de los tarros de conservas. Alrededor de los vendedores discurrían mujeres que regateaban, iban de cesta en cesta, hacían sus compras y luego se alejaban hacia el centro de la ciudad. Los comerciantes en oro y moneda repetían su monótono reclamo:

—¡Oro, compren oro. Dólares, rublos!

En determinado momento se oyó la bocina de un vehículo procedente de una bocacalle y apareció la silueta gris verdosa de un camión de policía. Los vendedores, presas del pánico, recogieron a toda prisa sus mercancías y tropezaron unos con otros en su afán por quitarse de en medio. Los gritos y la confusión se adueñaron de la plaza. ¡De modo que ni siquiera aquí iban las cosas bien del todo!

Procurábamos trabajar lo más despacio posible en la demolición del muro para que la tarea durara mucho tiempo. Los capataces judíos no nos hostigaban y ni siquiera los SS se comportaban tan mal allí como dentro del gueto. Se mantenían un poco apartados, en conversación, sin fijar la vista en nosotros.

El camión pasó de largo por la plaza y desapareció. Los vendedores recuperaron su posición inicial y la plaza quedó como si nada hubiera ocurrido. Mis compañeros dejaron el grupo de uno en uno para comprar cosas en los puestos y esconderlas en bolsas que habían llevado, o en las perneras de los pantalones y en las chaquetas. Por desgracia, yo no tenía dinero y debía contentarme con mirar, aunque me sintiera debilitado por el hambre.

Una pareja que salía del Ogród Saski se acercaba a nuestro grupo. Los dos iban muy bien vestidos. La joven era encantadora; yo no podía apartar los ojos de ella. Su boca pintada sonreía, sus caderas se balanceaban con suavidad, y el sol convertía su rubio cabello en un halo dorado y resplandeciente en torno a su cabeza. Al pasar a nuestro lado, aminoró el paso y exclamó:

—¡Mira!

El joven no entendía. La miró con ojos inquisitivos.

—¡Judíos! —dijo ella señalando hacia nosotros.

—¿Y qué? —preguntó su sorprendido acompañante, encogiéndose de hombros— ¿Son los primeros judíos que ves en tu vida?

La mujer sonrió un poco cohibida, se acercó más a su compañero y juntos siguieron su camino en dirección al mercado.

A primera hora de la tarde conseguí que uno del grupo me prestara cincuenta zlotys. Me los gasté en pan y patatas. Me comí parte del pan, y me llevé el resto y las patatas de vuelta al gueto. Esa tarde hice el primer trato comercial de mi vida. Había pagado veinte zlotys por el pan; lo vendí por cincuenta en el gueto. Las patatas me habían costado a tres zlotys el kilo; las vendí por dieciocho. Por primera vez en mucho tiempo tenía comida suficiente y disponía además de un pequeño capital para hacer mis compras al día siguiente.

El trabajo de demolición era muy monótono. Salíamos del gueto por la mañana temprano y permanecíamos de pie alrededor de un montón de ladrillos, haciendo como que trabajábamos, hasta las cinco de la tarde. Mis compañeros se pasaban el rato enfrascados en toda clase de transacciones, adquiriendo artículos y haciendo conjeturas sobre qué comprar, cómo llevarlo hasta el gueto y cómo venderlo allí con más provecho. Yo compraba las cosas más sencillas, sólo lo imprescindible para ganarme el sustento. Si algo me hacía pensar era mi familia: dónde estarían, a qué campo los habrían llevado, qué tal les iría allí.

Un día un viejo amigo mío pasó junto a nuestro grupo. Era Tadeusz Blumental, judío, pero de rasgos tan «arios» que no tuvo que confesar su origen y pudo vivir fuera de los muros del gueto. Se alegró de verme, pero lo apenó encontrarme en una situación tan difícil. Me dio algo de dinero y prometió que intentaría ayudarme. Me dijo que al día siguiente iría a buscarme una mujer y, si yo podía escabullirme sin que nadie se diera cuenta, me llevaría a un lugar en el que podría esconderme. La mujer fue, pero con la mala noticia de que las personas con las que supuestamente iba a quedarme no estaban de acuerdo en acoger a un judío.

Otro día, el director de la Filarmónica de Varsovia, Jan Dworakowski, me vio cuando cruzaba la plaza. Se emocionó de verdad al encontrarme. Me abrazó y comenzó a preguntarme cómo estábamos, mi familia y yo. Cuando le dije que a los demás se los habían llevado de Varsovia, me miró con algo que a mí me pareció una especial compasión y abrió la boca como si fuera a decir algo. Pero calló.

—¿Qué cree que les habrá ocurrido? —pregunté inquieto.

—¡Wladyslaw! —me tomó las manos y las apretó calurosamente entre las suyas— Tal vez sea mejor que lo sepa... para que esté prevenido. —Dudó un instante y luego añadió, casi en un susurro—: Nunca volverá a verlos.

Se volvió rápidamente y se alejó. Cuando sólo se había apartado unos pasos, dio la vuelta de nuevo y se acercó a abrazarme, pero en ese momento yo no tuve fuerzas para responder a su cordialidad. De manera inconsciente sabía desde el principio que los cuentos alemanes sobre campos para los judíos donde los aguardaban «buenas condiciones de trabajo» para el reasentamiento eran mentira: que sólo podíamos esperar la muerte a manos de los alemanes. Pero, como otros judíos del gueto, había acariciado la ilusión de que fuera diferente, de que esta vez las promesas alemanas fueran ciertas. Cuando pensaba en mi familia intentaba imaginarlos vivos, aunque fuera en condiciones terribles, pero vivos: así al menos podríamos volver a vernos algún día. Dworakowski había destruido la estructura que con tanto esfuerzo construí para engañarme. Sólo mucho más tarde pude convencerme de que había tenido razón al hacerlo: la certidumbre de la muerte me dio la energía necesaria para salvarme en el momento crucial.

Pasé los días siguientes como en un sueño; de manera automática me levantaba por la mañana, de manera automática iba y venía, y de manera automática me acostaba al llegar la noche sobre un camastro de tablones en el almacén de muebles judíos que había sido asignado al Consejo. De un modo u otro tuve que aceptar la muerte, que entonces ya sabía cierta, de mi madre, mi padre, Halina, Regina y Henryk. Hubo un ataque aéreo soviético sobre Varsovia. Todo el mundo se fue a los refugios. Los alemanes estaban alarmados y furiosos, y los judíos encantados, aunque no podían mostrarlo. Cada vez que oíamos el zumbido de los bombarderos se nos iluminaba la cara; para nosotros era el sonido de la proximidad de la ayuda y la derrota de Alemania, lo único que podía salvarnos. Yo no bajé al refugio: me daba lo mismo vivir o morir.

Mientras tanto, nuestras condiciones de trabajo en la demolición del muro se habían deteriorado. Los lituanos que ahora nos escoltaban se aseguraban de que no compráramos nada en el mercado, y nos inspeccionaban más, y más a fondo, en el puesto de guardia principal y a nuestra vuelta al gueto. Una tarde, de improviso, se hizo una selección en nuestro grupo. Un policía joven se colocó fuera del puesto de guardia con las mangas recogidas y comenzó a dividirnos de acuerdo con el sistema de lotería, como le pareció mejor: los de la izquierda a morir, los de la derecha a vivir. Me colocó a la derecha. Los de la izquierda tenían que permanecer tumbados boca abajo en el suelo: les disparó con su revólver.

Cerca de una semana después pegaron en los muros del gueto anuncios sobre una nueva selección de los judíos que aún seguían en Varsovia. Trescientos mil habían sido ya «reasentados»; quedaban todavía alrededor de cien mil y sólo veinticinco mil iban a permanecer en la ciudad, todos ellos profesionales y trabajadores indispensables para los alemanes.

Los funcionarios del Consejo tenían que ir al patio del edificio del Consejo Judío el día señalado, y el resto de la población a la zona del gueto comprendida entre las calles Nowolipki y Gesia. Para que las cosas quedaran doblemente claras, uno de los policías judíos, un oficial llamado Blaupapier, permanecía de pie ante el edificio del Consejo con un látigo en la mano, que usaba contra cualquiera que intentara entrar.

A quienes iban a quedarse en el gueto les entregaban números estampados en trozos de papel. El Consejo tenía derecho a conservar a cinco mil de sus funcionarios. A mí no me dieron número el primer día, pero a pesar de ello dormí toda la noche, resignado a mi suerte, aunque mis compañeros estaban casi fuera de sí por la inquietud. A la mañana siguiente conseguí un número. Estábamos formados en hileras de cuatro y teníamos que esperar hasta que la comisión de control de las SS, bajo el mando del

Untersturmführer Brandt, se dignara venir a contarnos, por si éramos demasiados los que íbamos a escapar de la muerte.

De cuatro en cuatro, al paso y rodeados de policías, nos dirigimos hasta la entrada del edificio del Consejo para ir a la calle Gesia, donde iban a alojarnos. Detrás de nosotros bullía la muchedumbre de condenados a morir, que gritaban, lloraban y maldecían nuestra milagrosa escapatoria, mientras los lituanos que supervisaban su tránsito de la vida a la muerte disparaban a la masa para tranquilizarla de la forma que ya les era habitual.

Así que tenía otra nueva posibilidad de vivir. Pero, ¿por cuánto tiempo?

11 *¡Arriba, tiradores!*

Me había cambiado de casa una vez más, el último de no sé cuantos traslados desde que vivíamos en la calle Sliska y estalló la guerra. En esta ocasión nos dieron habitaciones compartidas, o más bien celdas que contenían sólo los enseres más indispensables y camastros de tablas. Compartía la mía con los tres miembros de la familia Prozanski y la señora A., una dama silenciosa que evitaba el contacto con los demás, aunque tuviera que vivir en la misma habitación que el resto de nosotros. La primera noche que pasé allí tuve un sueño que me desanimó del todo. Parecía la confirmación definitiva de mis hipótesis sobre el destino de mi familia. Soñé que mi hermano Henryk se acercaba a mí y decía, inclinado sobre mi cama: «Estamos muertos».

Nos despertaba a las seis de la mañana el ajetreo del pasillo exterior. Se oían voces y mucha actividad. Los peones privilegiados que trabajaban en la Aleje Ujazdowskie, en la reforma del palacio del comandante de las SS en Varsovia, salían a trabajar. Su posición «privilegiada» implicaba que les daban una nutritiva sopa antes de irse; saciaba y su efecto duraba varias horas. Nosotros salíamos poco después que ellos con el estómago casi vacío tras recibir un caldo aguado. Su escaso valor alimenticio era parejo a la importancia de nuestro trabajo: íbamos a limpiar el patio del edificio del Consejo Judío.

Al día siguiente nos enviaron a mí, a Prozanski y a su hijo, ya crecido, al edificio que albergaba las despensas del Consejo y los pisos de sus funcionarios. Eran las dos de la tarde cuando se oyó el familiar silbido alemán y el habitual alarido, también alemán, que nos convocaban a todos al patio. Aunque habíamos sufrido ya mucho a manos de los alemanes, nos quedamos inmóviles como estatuas de sal. Sólo dos días antes nos habían asignado los números que significaban la vida. Todo el mundo en el edificio tenía uno, así que seguramente no se trataría de otra selección. ¿De qué, entonces? Bajamos a toda prisa: sí, era una selección. Otra vez vi gente sumida en la desesperación y oí a los SS gritar y renegar, mientras deshacían familias y nos dividían en dos grupos, uno a la derecha y otro a la izquierda, maldiciendo y golpeándonos. Una vez más nuestro grupo de trabajo estaba destinado a vivir, con unas pocas excepciones. Entre ellas se contaba el hijo de Prozanski, un muchacho encantador del que me había hecho amigo. Le había tomado mucho cariño, a pesar de que sólo llevábamos dos días viviendo en la misma habitación. No voy a describir la desesperación de sus padres. Miles de padres y madres del gueto estuvieron igual de desesperados durante esos meses. Hubo un aspecto aún más peculiar en la selección: las familias de destacadas personalidades de la comunidad judía compraron sobre la marcha la libertad de éstas a los oficiales de la Gestapo, presuntamente incorruptibles. Para que los números cuadraran, carpinteros, camareros, peluqueros y barberos, y otros trabajadores cualificados que hubieran sido de verdad útiles para los alemanes, fueron enviados en su lugar al *Umschlagplatz* y conducidos a la muerte. Por cierto, el joven Prozanski escapó del *Umschlagplatz* y pudo sobrevivir así un poco más.

Poco después, el jefe de nuestro grupo de trabajo me dijo

un día que había conseguido que me asignaran al grupo destinado al edificio del cuartel de las SS en el remoto distrito de Mokotow. Recibiría mejor comida y viviría mucho mejor en general, me aseguró.

La realidad fue muy diferente. Tenía que levantarme dos horas antes y caminar cerca de doce kilómetros atravesando toda la ciudad para llegar a tiempo al trabajo. Cuando por fin llegaba, agotado por la caminata, debía ponerme a trabajar de inmediato en una tarea muy superior a mis fuerzas, transportando sobre la espalda pilas de ladrillos colocadas en un tablón. También transportaba cubos de cal y barras de hierro. Podría haberlo hecho bien si no hubiera sido porque los capataces de las SS, futuros ocupantes del cuartel, pensaban que trabajábamos demasiado despacio. Nos ordenaban que lleváramos las pilas de ladrillos o las barras de hierro a la carrera, y si alguno desfallecía y paraba lo golpeaban con látigos de tiras de cuero rematadas por bolas de plomo.

No sé cómo habría salido de esa primera experiencia de duro trabajo físico si no hubiera ido a ver al jefe de mi grupo y le hubiera suplicado, con éxito, que me trasladaran al grupo que estaba construyendo el palacete del comandante de las SS en la Aleje Ujazdowskie. Las condiciones allí eran más tolerables y me las arreglé más o menos bien. Eran tolerables sobre todo porque trabajábamos con maestros albañiles alemanes y artesanos polacos, algunos de ellos de leva forzosa pero otros contratados. En consecuencia, resultábamos menos llamativos y podíamos turnarnos para hacer un descanso, pues ya no éramos siempre un grupo exclusivamente judío. Además, los polacos hacían causa común con nosotros en contra de los capataces alemanes y nos echaban una mano. Otro factor favorable era que el arquitecto a cargo del edificio era judío, un ingeniero llamado Blum, con un equipo de ingenieros judíos a sus órdenes, todos ellos destacados profesionales. Los alemanes no reconocían de modo oficial la situación y el maestro albañil Schultke, arquitecto encargado de la obra a efectos formales y sádico consumado, tenía derecho a golpear a los ingenieros siempre que quisiera. Pero sin los artesanos especializados judíos no se podría haber hecho nada. Por eso nos trataban con relativa suavidad, aparte de las palizas ya mencionadas, pero esas cosas apenas contaban en el ambiente de la época.

Yo era peón de un albañil polaco llamado Bartczak, buena persona en el fondo aunque por fuerza hubiera fricciones entre nosotros. A veces los alemanes nos controlaban muy de cerca y teníamos que procurar trabajar como ellos querían. Yo ponía mi mejor voluntad, pero era inevitable que volcara la escalera, derramara la cal o tropezara con los ladrillos y los enviara fuera del andamio, y el rapapolvo era también para Bartczak, que se enfurecía conmigo hasta enrojecer y refunfuñaba a la espera de que se fueran los alemanes. Entonces se echaba la gorra hacia atrás, se ponía las manos en las caderas, sacudía la cabeza por mi torpeza como albañil y comenzaba su invectiva:

—¿Cómo es posible que tocaras música en la radio, Szpilman? —preguntaba asombrado— ¡Músico tú, que ni siquiera eres capaz de manejar una pala o de raspar la cal de un tablón! ¡Seguro que los dormías a todos!

Luego se encogía de hombros, me miraba con recelo, escupía y, desahogando su cólera por última vez, gritaba con todas sus fuerzas:

—¡Idiota!

Sin embargo, cuando me sumía en la melancólica contemplación de mis asuntos e interrumpía el trabajo olvidando dónde estaba, Bartczak nunca dejaba de avisarme a tiempo si se encontraba con un capataz alemán.

—¡Mortero! —bramaba, y su voz resonaba en todo el solar;

yo agarraba el primer cubo que encontraba, o una paleta, y fingía trabajar con aplicación.

La perspectiva del invierno, que casi teníamos encima, me causaba especial preocupación. No tenía ropa de abrigo y, por supuesto, tampoco guantes. Siempre he sido bastante sensible al frío y si se me congelaban las manos por realizar un trabajo físico tan pesado podía dar por perdida mi posible carrera futura como pianista. Observaba con creciente pesimismo cómo cambiaban de color las hojas de los árboles de la Aleje Ujazdowskie con el viento que soplaba más frío de día en día.

Los números que habían significado un permiso provisional para vivir recibieron entonces el carácter de permanentes y, al mismo tiempo, fui trasladado a un nuevo cuartel en el gueto, en la calle Kurza. También cambió nuestro lugar de trabajo, que pasó a estar en el lado ario de la ciudad. El trabajo en el palacete de la Aleje Ujazdowskie estaba llegando al final y cada vez hacían falta menos trabajadores. Algunos de nosotros fuimos transferidos al número 8 de la calle Narbutt para preparar el alojamiento de una unidad de oficiales de las SS.

Cada vez hacía más frío y se me entumecían los dedos con mayor frecuencia al trabajar. No sé cómo habría terminado si el azar no hubiera llegado en mi ayuda: un afortunado golpe de mala suerte, por decirlo de algún modo. Un día tropecé cuando transportaba cal y me torcí un tobillo. Me quedé inútil para trabajar en el solar y el ingeniero Blum me asignó a los almacenes. Estábamos a finales de noviembre y en el ultimísimo momento para tener alguna esperanza de salvar mis manos. En cualquier caso hacía menos frío en los almacenes que en el exterior.

Cada vez transferían más trabajadores de los que habían estado en la Aleje Ujazdowskie hasta donde estábamos nosotros, y cada vez eran más los SS que habían sido nuestros capataces allí que eran trasladados al solar de la calle Narbutt. Una mañana nos encontramos entre ellos con el hombre que había sido nuestra ruina: un sádico cuyo nombre no recuerdo, pero al que llamábamos Ziszás. Para él era un placer casi erótico maltratar a la gente de un modo peculiar: ordenaba al infractor que se inclinara, se colocaba la cabeza del hombre entre los muslos, apretaba con todas sus fuerzas y le destrozaba el trasero con un látigo, pálido de ira y repitiendo entre dientes: «Zis, zas. Zis, zas.» Nunca soltaba a su víctima hasta dejarla desfallecida por el dolor.

Otra vez circularon por el gueto rumores sobre un nuevo «reasentamiento». Si eran ciertos, no cabía duda de que los alemanes querían exterminarnos por completo. Después de todo, sólo quedábamos alrededor de sesenta mil de nosotros y, ¿con qué otro fin podían pretender llevarse a ese pequeño número de la ciudad? Cada vez se mencionaba más a menudo la idea de ofrecer resistencia a los alemanes. Los judíos jóvenes estaban especialmente decididos a luchar, y aquí y allá se empezaban a fortificar en secreto edificios del gueto, de modo que pudieran ser defendidos desde dentro si ocurría lo peor. Era evidente que los alemanes sabían algo de esos cambios, porque llegaron a los muros del gueto decretos en los que se nos aseguraba con insistencia que no iba a haber más reasentamientos. Los hombres que escoltaban a nuestro grupo repetían todos los días lo mismo y, para hacer sus afirmaciones aún más convincentes, nos permitían de vez en cuando y con carácter oficial comprar en el lado ario cinco kilos de patatas y una hogaza de pan por cabeza, que podíamos llevar con nosotros de vuelta al gueto. La benevolencia de los alemanes los llevó incluso a permitir que un delegado de nuestro grupo se moviera libremente por la ciudad todos los días para hacer esas compras en nuestro nombre. Elegimos a un valiente joven conocido como Majorek (pequeño comandante). Los alemanes ignoraban que Majorek, siguiendo instrucciones nuestras, iba a convertirse en enlace entre el movimiento clandestino de resistencia dentro del gueto y una organización similar polaca que actuaba fuera de él.

El permiso oficial que teníamos para llevar cierta cantidad de alimentos al gueto impulsó un activo comercio en torno a nuestro grupo. Había un montón de vendedores esperándonos todos los días cuando salíamos del gueto. Cambiaban con mis compañeros *ciuchy*, ropa de segunda mano, por alimentos. Yo estaba menos interesado en ese comercio que en las noticias que nos llevaban al mismo tiempo los vendedores. Los aliados habían desembarcado en África. Stalingrado estaba en su tercer mes de defensa y había habido una conspiración en Varsovia: se habían lanzado granadas contra el Café Club alemán. Noticias como éstas nos levantaban el ánimo, aumentando nuestra capacidad de resistencia y nuestra convicción de que los alemanes serían derrotados en un futuro próximo. Muy pronto comenzaron las primeras represalias armadas en el gueto, en primer lugar contra los elementos corruptos que había entre nosotros. Fue asesinado uno de los peores policías judíos: Lejkin, célebre por su diligencia para cazar gente y entregar sus cuotas en el *Umschlagplatz*. Al poco tiempo murió a manos de asesinos judíos un hombre conocido como Primero, que actuaba de enlace entre la Gestapo y el Consejo Judío. Por primera vez los espías del gueto empezaban a tener miedo.

Yo recobraba poco a poco el ánimo y la voluntad de sobrevivir. Un día fui a ver a Majorek para pedirle que telefoneara a algunos conocidos míos mientras estaba en la ciudad, y les preguntara si podían sacarme del gueto y esconderme. Esa tarde esperé la vuelta de Majorek con el corazón saltándome en el pecho. Volvió, pero con malas noticias: mis conocidos habían dicho que no se podían arriesgar a esconder a un judío. ¡Después de todo, explicaban más bien indignados por mi propuesta, una cosa así estaba castigada con la pena de muerte! Bueno, nada se podía hacer. Habían dicho que no; quizá otros se mostraran más humanos. En ningún caso debía perder la esperanza.

Se acercaba el Año Nuevo. El 31 de diciembre de 1942 llegó de manera inesperada un convoy que transportaba carbón. Tuvimos que descargarlo todo el mismo día y almacenarlo en un sótano del edificio de la calle Narbutt. Era un trabajo muy pesado y llevó más tiempo del previsto. En lugar de salir para el gueto a las seis de la tarde, no nos fuimos hasta que era casi de noche.

Siempre hacíamos el mismo recorrido, caminando de tres en tres, desde la calle Polna hasta la calle Chalubinski y luego por la calle Zelazna hasta el gueto. Ya habíamos llegado a la calle Chalubinski cuando se oyeron gritos furiosos en la cabecera de la columna. Nos detuvimos. Al momento vimos lo que había ocurrido. Por pura casualidad nos habíamos encontrado con dos SS, borrachos como cubas. Uno de ellos era Ziszás. Cayeron sobre nosotros azotándonos con los látigos, de los que no se separaban ni en sus juergas etílicas. Lo hacían de manera sistemática: azotaban a cada grupo de tres empezando por la cabecera de la columna. Cuando terminaron, se colocaron a unos pasos de nosotros en la acera, sacaron la pistola y Ziszás gritó:

—¡Intelectuales, rompan filas!

No había duda de sus intenciones: iban a matarnos allí mismo. Me resultaba difícil decidir qué hacer. Si no rompíamos filas se enfurecerían aún más. Podían terminar sacándonos a rastras de la columna ellos mismos para darnos otra paliza antes de matarnos, en castigo por no cumplir su orden. El doctor Zajczyk, un historiador y profesor universitario que estaba a mi lado, temblaba de los pies a la cabeza como yo y, como yo, tampoco podía decidirse. Pero cuando gritaron la orden por segunda vez rompimos filas. Éramos siete en total. Me volví a encontrar cara a cara con Ziszás y esta vez me gritaba a mí expresamente.

—¡Os voy a enseñar disciplina! ¿Por qué habéis tardado tanto? —Y blandía su pistola en mis narices—. ¡Teníais que estar aquí a las seis y son ya las diez!

No dije nada, seguro de que en cualquier caso iba a dispararme en un instante. Me miraba directamente a mí con ojos turbios, tambaleándose a la luz de la farola, y de manera inesperada anunció con voz firme:

—Vosotros siete sois responsables personalmente de llevar la columna de vuelta al gueto. Podéis iros.

Ya nos alejábamos, cuando de repente bramó:

—¡Volved!

Esta vez tenía justo enfrente al doctor Zajczyk. Lo agarró por el cuello, lo zarandeó y gruñó:

—¿Sabéis por qué os golpeamos?

El doctor no dijo nada.

—¿Sabéis por qué?

Un hombre que estaba a cierta distancia, muy alarmado, preguntó con timidez:

—¿Por qué?

—¡Para recordaros que es Año Nuevo!

Cuando habíamos vuelto a formar la columna oímos una orden más:

—¡Cantad!

Sorprendidos, nos quedamos mirando a Ziszás. Se tambaleó de nuevo y eructó antes de añadir:

—¡Cantad algo alegre!

Riéndose de su broma, se volvió y siguió dando tumbos por la calle. A los pocos pasos se detuvo y gritó amenazador:

—¡Y cantadlo bien y alto!

No sé quién fue el primero en entonar la melodía ni por qué le vino a la cabeza esa canción militar en concreto. Lo seguimos. Después de todo, poco importaba lo que cantáramos.

Sólo ahora, al evocar el incidente, me doy cuenta de la tra-

gedia que se escondía tras su apariencia ridícula. Esa víspera de
Año Nuevo un pequeño grupo de judíos extenuados caminaban
por las calles de una ciudad en la que las declaraciones de patrio-
tismo polaco llevaban años prohibidas bajo pena de muerte, cantando a voz en cuello y con total impunidad la canción patriótica
He, strzelcy wraz! (*¡Arriba, tiradores!*).

12 Majorek

Uno de enero de 1943: Roosevelt había anunciado que en ese año serían derrotados los alemanes. Y, desde luego, era indudable que estaban obteniendo menos triunfos en el frente. ¡Ojalá el frente hubiera estado más cerca de nosotros! Llegaron noticias sobre la derrota alemana en Stalingrado; era una información demasiado importante para ser silenciada, o despachada con la apostilla habitual en la prensa de que ni siquiera eso tenía «trascendencia para la progresión victoriosa de la guerra». Esta vez los alemanes tuvieron que admitirlo y anunciaron tres días de luto, el primer tiempo libre que habíamos disfrutado en muchos meses. Entre nosotros, los más optimistas se frotaban las manos de alegría, convencidos de que la guerra terminaría enseguida. Los pesimistas pensaban de otro modo: creían que la guerra duraría todavía algún tiempo, pero al menos ya no había la menor duda sobre su resultado final.

En paralelo con las cada vez mejores noticias políticas, se produjo una escalada de actividades en las organizaciones clandestinas del gueto. Mi grupo también participaba. Majorek, que todos los días entregaba a nuestro grupo sacos de patatas procedentes de la ciudad, introducía munición escondida entre las patatas. Nos la repartíamos y la distribuíamos por el gueto oculta en las perneras de los pantalones. Era peligroso y un día estuvo a punto de tener un final trágico para todos nosotros.

Majorek había entregado los sacos en mi almacén como de costumbre. Yo tenía que vaciarlos, ocultar las municiones y repartirlas entre mis compañeros esa tarde. Pero, nada más descargar Majorek los sacos y salir del almacén, se abrió de golpe la puerta e irrumpió el *Untersturmführer* Young. Miró a su alrededor, vio los sacos y se dirigió a ellos. Yo sentí que me flaqueaban las rodillas. Si inspeccionaba el contenido estábamos acabados, y yo sería el primero en recibir un balazo en la cabeza. Young se detuvo ante los sacos y trató de desatar uno. Sin embargo, la cuerda se había enredado y era difícil deshacer el nudo. El oficial de las SS maldijo con impaciencia y me miró.

—¡Desátelo! —ladró.

Me acerqué a él tratando de controlar mis nervios. Deshice el nudo con intencionada lentitud, bastante tranquilo en apariencia. El alemán me observaba con las manos en las caderas.

—¿Qué hay dentro? —preguntó.

—Patatas. Nos permiten llevar unas pocas al gueto todos los días.

El saco estaba abierto. Llegó la siguiente orden:

—Sáquelas para que las vea.

Metí la mano en el saco. No había patatas. Quiso la suerte que Majorek hubiera comprado ese día una pequeña cantidad de harina de avena y alubias en lugar de sólo patatas. Estaban encima y las patatas debajo. Mostré un puñado de alubias amarillas bastante largas.

—¿Así que patatas, eh? —Young rió sarcásticamente. Luego ordenó—: ¡Pruebe más abajo!

Esta vez saqué un puñado de harina de avena. En cualquier momento el alemán me golpearía por engañarlo. En realidad, esperaba que lo hiciera: eso mantendría su mente apartada del contenido del saco. Sin embargo, ni siquiera me abofeteó. Dio media vuelta y salió. Poco después volvió a entrar del mismo modo violento que antes, como si esperara sorprenderme cometiendo algún nuevo delito. Yo estaba de pie en medio del almacén, intentando recuperarme del susto. Tuve que sobreponerme. Sólo cuando oí atenuarse el sonido de los pasos de Young en el callejón hasta que al fin se desvaneció, vacié los sacos a toda velocidad y oculté las municiones bajo un montón de cal que habían descargado en un rincón del almacén. Al acercarnos al muro del gueto esa tarde, lanzamos por encima nuestro nuevo cargamento de balas y granadas de mano como de costumbre. ¡De buena nos habíamos librado!

El 14 de enero, viernes, furiosos por sus derrotas en el frente y por la evidente alegría que éstas causaban a los polacos, los alemanes reemprendieron las cacerías humanas. Esta vez las extendieron por toda Varsovia. Duraron tres días sin interrupción. Todos los días, al ir y al volver del trabajo, veíamos cómo perseguían y capturaban gente en las calles. Convoyes de camiones de policía cargados de prisioneros iban hasta la cárcel y volvían vacíos, listos para recoger nuevos lotes de futuros internos en campos de concentración. Bastantes arios buscaron refugio en el gueto. En estos días difíciles se dio otra de las paradojas del periodo de ocupación: el brazalete con la estrella de David, el más amenazador de los símbolos en otro tiempo, se convirtió de la noche a la mañana en una protección, una especie de seguro, puesto que los judíos no eran ya la presa.

Sin embargo, dos días después nos tocó a nosotros. Cuando salí del edificio el lunes por la mañana no encontré a todo nuestro grupo en la calle, sino sólo a unos pocos trabajadores, sin duda los considerados indispensables. Yo, como «gerente del almacén», estaba entre ellos. Nos pusimos en marcha, escoltados por dos policías, en dirección a la puerta del gueto. Habitualmente sólo la guardaban agentes de la policía judía, pero ese día toda una unidad de la policía alemana estaba comprobando minuciosamente los documentos de quienes salían del gueto para ir a trabajar. Un chico de unos diez años llegó corriendo por la acera. Estaba muy pálido, y tan asustado que olvidó quitarse la gorra ante un policía alemán que iba hacia él. El alemán se detuvo, sacó su revólver sin decir una palabra, se lo puso en la sien al chico y disparó. El niño cayó al suelo agitando los brazos, se quedó rígido y murió. El policía devolvió con calma el revólver a la funda y siguió su camino. Lo miré; no tenía unos rasgos especialmente brutales ni parecía enfadado. Era un hombre normal, apacible, que había cumplido con una de sus obligaciones menores cotidianas y la había apartado de su mente al instante, porque le esperaban otros asuntos de mayor importancia.

Nuestro grupo estaba ya en el lado ario cuando oímos disparos detrás de nosotros. Procedían de los otros grupos de trabajadores judíos, que estaban rodeados en el gueto y por primera vez respondían al terror alemán haciendo fuego.

Proseguimos abatidos nuestro camino al trabajo, preguntándonos todos qué estaría ocurriendo en el gueto. No había duda de que había comenzado una nueva etapa de su liquidación. El joven Prozanski caminaba a mi lado preocupado por sus padres, que habían quedado atrás en nuestra habitación, y preguntándose si conseguirían esconderse a tiempo para escapar del reasentamiento. Yo tenía mis propias preocupaciones, que eran de un carácter muy concreto: me había dejado la estilográfica y el reloj, todo lo que tenía en el mundo, encima de la mesa de nuestra habitación. Había planeado que, si conseguía escapar, los convertiría en dinero con el que vivir unos pocos días, el tiempo suficiente para encontrar un lugar donde esconderme con ayuda de mis amigos.

Aquella tarde no volvimos al gueto: quedamos alojados de manera provisional en la calle Narbutt. Hasta después no supimos lo que había ocurrido detrás de los muros, donde la gente se defendía lo mejor que podía antes de ser conducida a la muerte. Se ocultaba en lugares preparados de antemano y las mujeres echaban agua en los peldaños de las escaleras, para que se congelara y fuera más difícil que los alemanes alcanzaran los pisos superiores. Algunos edificios se cerraron con barricadas y sus habitantes intercambiaron disparos con las SS, decididos a morir luchando con un arma en la mano, en lugar de perecer en la cámara de gas. Los alemanes habían evacuado a los pacientes del hospital judío en ropa interior, los habían cargado en camiones abiertos bajo el intenso frío y se los habían llevado a Treblinka. Pero, gracias a esta primera demostración de la resistencia judía, los alemanes se llevaron sólo a cinco mil personas a lo largo de cinco días, en lugar de las diez mil que tenían planeado transportar.

El quinto día por la tarde Ziszás nos informó de que la operación para «limpiar el gueto de elementos no trabajadores» había concluido y podíamos volver a entrar en él. El corazón nos saltaba en el pecho. Las calles del gueto eran un espectáculo de devastación. Las aceras estaban cubiertas de cristales rotos procedentes de las ventanas. Había plumas de almohadones destripados atascando las alcantarillas y por todas partes; el menor soplo de viento levantaba grandes nubes de plumas, que se arremolinaban en el aire como una copiosa nevada al revés, de la tierra al cielo. Cada pocos pasos veíamos cuerpos de personas asesinadas. Era tal el silencio, que las paredes de los edificios nos devolvían el eco de nuestros pasos, como si estuviéramos atravesando una garganta rocosa en las montañas. No encontramos a nadie en nuestra habitación, que no había sido saqueada. Todo estaba exactamente como lo habían dejado los padres de Prozanski, escogidos para los transportes. Los camastros de tablas seguían aún deshechos desde la última noche que habían pasado allí y sobre la estufa fría quedaba un puchero de café que no se habían podido terminar. Mi estilográfica y mi reloj estaban en la mesa, donde los había dejado.

Había llegado mi hora de actuar con energía y sin perder un instante. Era de suponer que enseguida llegaría la siguiente operación de reasentamiento y esta vez yo estaría entre los incluidos en la lista. Por medio de Majorek me puse en contacto con unos amigos, una pareja de artistas recién casados: Andrzej Bogucki, actor, y su esposa, una cantante que actuaba con su nombre de soltera, Janina Godlewska. Un día Majorek me dijo que irían a verme hacia las seis de la tarde. Cuando los trabajadores arios se fueron a casa aproveché la oportunidad para escabullirme por la puerta. Allí estaban los dos. Intercambiamos unas pocas palabras. Les entregué mis composiciones, mi estilográfica y mi reloj, todo lo que quería llevarme. Ya había sacado esas cosas del gueto y las había ocultado en el almacén. Acordamos que Bogucki vendría por mí el sábado a las cinco, hora en que un general de las SS iba a estar inspeccionando el edificio. Yo contaba con que el revuelo que ello causaría me facilitara la evasión.

En ese momento el ambiente del gueto era cada vez más tenso y desasosegado. Flotaba en el aire una especie de presentimiento. El comandante de la policía judía, el coronel Szerynski, se suicidó. Muy malas debieron de ser las noticias que recibió si ni siquiera él, más cercano que nadie a los alemanes, pues era el hombre que necesitaban con más urgencia, y que en cualquier caso habría sido el último en el reasentamiento, no podía ver otra salida que la muerte. Todos los días se mezclaban otros judíos con nosotros cuando salíamos a trabajar, en un intento de escapar al lado ario del muro. No siempre lo conseguían. Había por allí espías que esperaban a los fugitivos, y agentes pagados y voluntarios complacientes que más tarde asaltarían al judío que habrían estado observando desde alguna bocacalle, lo despojarían del dinero y las joyas que llevara, y lo amenazarían con entregarlo a los alemanes, cosa que a menudo hacían de todas formas con las personas a las que habían robado.

Ese sábado estuve con los nervios en tensión desde muy temprano. ¿Daría resultado? Cualquier paso en falso podía significar la muerte instantánea. A primera hora de la tarde apareció puntualmente el general para hacer su inspección. Los SS, muy ocupados, se olvidaron de nosotros por un rato. Hacia las cinco los trabajadores arios terminaron su jornada diaria de trabajo. Me puse el abrigo, me quité el brazalete con la estrella azul por primera vez en tres años y me escabullí entre los que salían.

Bogucki me esperaba en la esquina de la calle Wisniowa. Eso significaba que, por el momento, todo había salido según los planes. Caminé unos pasos detrás de él con el cuello del abrigo subido, intentando no perderlo de vista en la oscuridad. Las calles estaban vacías, con una iluminación muy débil para cumplir las normas en vigor desde el estallido de la guerra. Sólo tenía que procurar no encontrarme con un alemán a la luz de una farola, donde pudiera verme la cara. Tomamos el camino más corto y anduvimos muy deprisa, pero aun así se me hizo interminable. Al fin llegamos a nuestro destino, el número diez de la calle Noakowski, donde iba a ocultarme en el quinto piso, en un estudio para artistas que tenía a su disposición Piotr Perkowski, uno de los dirigentes de los músicos que conspiraban contra los alemanes en ese momento. Subimos las escaleras a toda prisa, de tres en tres peldaños. Janina Godlewska nos esperaba en el estudio; estaba nerviosa y asustada. Nos recibió con un suspiro de alivio.

—¡Por fin habéis llegado! —Juntó las manos por encima de la cabeza y añadió, dirigiéndose a mí—: Cuando Andrzej ya había salido a buscarte me di cuenta de que es 13 de febrero, ¡trece!

13   Discordia en la puerta de al lado

El estudio de artista en el que me encontraba, y donde tendría que permanecer un tiempo, era bastante grande: una espaciosa sala con el techo de vidrio. A ambos lados tenía alcobas interiores comunicadas con ella por puertas. Los Bogucki me habían conseguido una cama plegable y, después del camastro de tablas en el que había dormido tanto tiempo, me pareció maravillosamente cómoda. Era muy feliz sólo con no ver a los alemanes. Ya no tenía que escuchar sus aullidos, ni temer que un SS me pegara o incluso me matara en cualquier momento. Durante esos días intentaba no pensar en lo que aún me esperaba hasta que terminara la guerra, si es que estaba vivo para entonces. Me animó la noticia que trajo un día la señora Bogucka: las tropas soviéticas habían recuperado Járkov. Pero, ¿qué iba a ser de mí? Sabía que no podría seguir mucho tiempo en el estudio. Perkowski tenía que encontrar un inquilino en pocos días, aunque sólo fuera porque los alemanes habían anunciado un censo que acarrearía un registro policiaco de todos los domicilios, para ver si sus ocupantes estaban inscritos y tenían derecho a vivir allí. Casi todos los días iban a ver el estudio posibles inquilinos, y entonces yo me ocultaba en una de las alcobas y cerraba la puerta por dentro.

Dos semanas después Bogucki llegó a un acuerdo con el antiguo director musical de la radio oficial polaca —mi jefe antes de la guerra, Edmund Rudnicki— quien llegó una tarde acompañado de un ingeniero llamado Gebczynski. Tenía que trasladarme a casa del ingeniero y su esposa, en la planta baja del mismo edificio. Esa noche volví a posar la mano sobre un teclado por primera vez en siete meses. Siete meses durante los cuales había perdido a todos mis seres queridos, había sobrevivido a la liquidación del gueto y había ayudado a derribar sus muros, trayendo y llevando cal y pilas de ladrillos. Me resistí a los esfuerzos de persuasión de la señora Gebczynska durante un rato, pero finalmente cedí. Mis agarrotados dedos se movían con torpeza por las teclas y el sonido, irritante y extraño, me crispaba los nervios.

Esa noche volví a oír noticias alarmantes. Gebczynski recibió una llamada telefónica de un amigo que solía estar bien informado; le dijo que al día siguiente nos iban a perseguir por toda la ciudad. Nos inquietamos todos mucho. Sin embargo, resultó ser una falsa alarma; había muchas en esa época. Al día siguiente se presentó un antiguo compañero de la emisora de radio, el director de orquesta Czeslaw Lewicki, quien más tarde se convertiría en íntimo amigo mío. Tenía a su disposición un piso de soltero en el número 83 de la calle Pulawska, pero no vivía en él y había accedido a que lo ocupara yo.

Eran las siete de la tarde del sábado 27 de febrero cuando salimos del piso de Gebczynski. Gracias a Dios estaba oscuro como boca de lobo. Tomamos un *rickshaw* en la Plac Unii, llegamos a la calle Pulawska sin contratiempos y subimos a la carrera hasta el cuarto piso, confiando en no encontrarnos con nadie por la escalera.

El piso de soltero resultó ser cómodo y estar amueblado con elegancia. Se entraba por un recibidor a uno de cuyos lados estaba el aseo, y en el otro había una gran alacena y una cocina de gas. El salón tenía un confortable diván, un armario, una pequeña estantería para libros, una mesa también pequeña y cómodas sillas. La estantería estaba llena de partituras y había además algunos libros de texto. Me sentí como en el paraíso. No dormí mucho esa primera noche; quería saborear el placer de estar tumbado en un sofá de verdad, con muelles.

Al día siguiente se presentó Lewicki con una amiga, esposa de un médico, la señora Malczewska, a llevar mis cosas. Hablamos sobre cómo me iba a alimentar y cómo debía actuar con respecto al censo que se iba a realizar al día siguiente. Tendría que pasarme todo el día en el aseo, con la puerta cerrada por dentro, como había hecho en la alcoba del estudio. Llegamos a la conclusión de que, aunque los alemanes entraran en el piso por la fuerza con motivo del censo, era poco probable que se fijaran en la pequeña puerta tras la cual estaría yo escondido. Como máximo, la tomarían por la puerta de una alacena cerrada con llave.

Seguí a rajatabla el plan estratégico. Con un montón de libros, me metí en el aseo por la mañana y esperé cargado de paciencia hasta la noche; no era un lugar precisamente cómodo para estar mucho tiempo y por esa razón desde el mediodía no soñé con otra cosa que no fuera estirar las piernas. Toda la maniobra resultó superflua: no apareció nadie excepto Lewicki, quien se pasó a verme por la tarde, lleno de curiosidad y preocupación por saber cómo me encontraba. Llevó vodka, salchichas, pan y mantequilla, y cenamos como reyes. El propósito del censo era que los alemanes averiguaran de un golpe el paradero de todos los judíos que se escondían en Varsovia. Puesto que no me habían encontrado, me sentí lleno de una nueva confianza.

Como Lewicki vivía un poco lejos, acordamos que sólo me visitaría dos veces por semana para llevar comida. Entre sus ansiadas visitas yo ocuparía el tiempo como pudiera. Leí un montón y aprendí a preparar deliciosos platos siguiendo los consejos culinarios de la esposa del médico. Tenía que hacer todo sin un solo ruido. Me movía a cámara lenta, de puntillas: Dios no permitió que mis manos ni mis pies chocaran contra nada. Las paredes eran muy delgadas y cualquier movimiento poco cuidadoso me traicionaría ante los vecinos. Podía oír con mucha claridad lo que ellos hacían, sobre todo los de la puerta de al lado, a la izquierda. A juzgar por su voz, los inquilinos de ese piso eran una pareja de recién casados; solían comenzar su conversación todas las tardes con apelativos cariñosos: «gatita» y «tigre». Sin embargo, un cuarto de hora después se alteraba la armonía del hogar, subían de tono las voces y los epítetos que se dedicaban abarcaban toda la gama de animales domesticados, terminando por el cerdo. Había entonces lo que era de suponer una reconciliación; las voces callaban durante algún tiempo y luego se oía una tercera voz, el sonido de un piano en el que la joven tocaba con sentimiento, aunque diera algunas notas falsas. Pero tampoco el tintineo solía durar mucho. Se interrumpía la música y una irritada voz femenina reanudaba la pelea:

—¡Pues muy bien, no volveré a tocar más! Siempre te vas cuando empiezo a tocar.

Y de nuevo comenzaban a recorrer el reino animal.

Mientras escuchaba, a menudo pensaba con tristeza cuánto daría por poner las manos sobre el viejo y desafinado piano, origen de tanta discordia en la puerta de al lado y que a mí me haría feliz.

Pasaban los días. Dos veces por semana me visitaban la señora Malczewska o Lewicki con comida y noticias sobre los últimos acontecimientos políticos. Estas últimas no eran alentadoras: me apenó saber que las tropas soviéticas habían vuelto a retirarse de Járkov y que los aliados se replegaban en África. Condenado a la inactividad, pasaba la mayor parte de los días solo con mis melancólicos pensamientos, volviendo una y otra vez sobre el terrible destino de mi familia; me parecía que mis dudas y mi depresión se intensificaban. Cuando me asomaba a la ventana a mirar el tráfico, siempre el mismo, y veía a los alemanes ir y venir con la tranquilidad de siempre, pensaba que era bastante probable que ese estado de cosas nunca terminara. Y entonces, ¿qué iba a ser de mí? Después de años de sufrimiento inútil, un día me descubrirían y me matarían. Lo mejor que podía esperar era suicidarme antes de caer vivo en manos de los alemanes.

Mi estado de ánimo no comenzó a mejorar hasta que se inició la gran ofensiva aliada en África y se coronó con un éxito detrás de otro. Un caluroso día de mayo estaba preparando una sopa para almorzar cuando apareció Lewicki. En cuanto recuperó un poco el aliento tras subir a la carrera hasta el cuarto piso, me transmitió con voz entrecortada las noticias que traía: por fin se había derrumbado la resistencia alemana e italiana en África.

¡Ojalá todo eso hubiera comenzado antes! Si en aquel momento las tropas aliadas hubieran obtenido victorias en Europa en lugar de en África, tal vez habría sido capaz de sentir entusiasmo. Tal vez entonces la sublevación planeada y organizada por los pocos judíos que quedaban en el gueto de Varsovia habría tenido al menos una pequeña posibilidad de éxito. En paralelo con las noticias cada vez mejores que traía Lewicki estaban los detalles cada vez más terroríficos que también había oído sobre las trágicas acciones de mis hermanos: el puñado de judíos que habían decidido oponer al menos cierta resistencia activa a los alemanes en esta etapa final y desesperada. Por los periódicos clandestinos que me llegaban tuve noticia del levantamiento judío, de los combates en cada edificio, en cada tramo de calle, y de las grandes pérdidas que sufrían los alemanes. Aunque se llamó a la artillería, los tanques y la fuerza aérea durante los combates en el gueto, pasaron semanas hasta que pudieron reprimir a los rebeldes, a pesar de que eran mucho más débiles que ellos. Ningún judío estaba dispuesto a dejarse atrapar vivo. Cuando los alemanes conseguían tomar un edificio, las mujeres que todavía quedaban en él subían con los niños hasta el último piso y desde allí se arrojaban por los balcones, ellas y sus hijos, a la calle. Si me asomaba a la ventana ya entrada la noche, cuando todo el mundo dormía, podía ver hogueras al norte de Varsovia y densas masas de humo que se dispersaban por el cielo claro y estrellado.

Un día de comienzos de junio fue a verme Lewicki de improviso, no a la hora acostumbrada sino al mediodía. En esa ocasión no era portador de buenas noticias. Estaba sin afeitar, tenía profundas ojeras oscuras, como si no hubiera dormido en toda la noche, y se mostraba muy alterado.

—¡Vístete! —me dijo en un susurro.

—¿Qué ha ocurrido?

—La Gestapo precintó ayer por la noche mi habitación en casa del doctor Malczewski y su esposa. Estarán aquí en cualquier momento. Debemos irnos inmediatamente.

¿Irnos? ¿A plena luz del día? Era como un suicidio, al menos por lo que se refería a mí. Lewicki se impacientaba.

—¡Vamos, vamos! —me urgió, porque yo seguía allí de pie, en lugar de hacer lo que él esperaba y guardar mis cosas en una bolsa. Decidió darme ánimos—. No te preocupes —comenzó con nerviosismo—. Está todo pensado. Hay alguien esperándote no muy lejos que te llevará a algún lugar seguro.

Seguía sin estar dispuesto a moverme del sitio. Que fuera lo que hubiera de ser, pensé. Lewicki escaparía en cualquier caso y la Gestapo no daría con él. Si ocurría lo peor, prefería poner fin a mi vida allí que arriesgarme de nuevo a vagar por la ciudad. Simplemente no me quedaban fuerzas para eso. Se lo expliqué como pude a mi amigo y nos abrazamos, seguros de que nunca volveríamos a encontrarnos en esta vida. Luego Lewicki se fue.

Comencé a dar paseos por la habitación que había considerado uno de los lugares más seguros de la tierra, aunque ahora me pareciera una jaula. Estaba atrapado en ella como una bestia, y sólo era cuestión de tiempo que los matarifes me encontraran y acabaran conmigo. Estarían encantados de su captura. Aunque nunca antes había fumado, ese día, mientras esperaba la muerte, me fumé todos los cigarrillos que había dejado Lewicki. Pero la muerte retrasaba su llegada hora tras hora. Sabía que la Gestapo solía presentarse por la noche o por la mañana temprano. No me desvestí ni encendí ninguna luz; me quedé mirando fijamente la barandilla del balcón a través de la ventana, escuchando hasta el menor ruido que llegaba de la calle o la escalera. Todavía resonaban en mis oídos las palabras de despedida de Lewicki. Ya tenía la mano en el pomo de la puerta cuando se volvió una vez más, se acercó a mí, me abrazó de nuevo y dijo:

—Si suben a registrar el piso, tírate por el balcón. ¡No te dejes atrapar vivo! —Y añadió, para que me resultara más fácil decidirme por el suicidio—: Llevo veneno. Tampoco a mí me cogerán.

Era ya tarde. El tráfico había desaparecido por completo de las calles y las ventanas del edificio de enfrente se habían ido oscureciendo una a una. Pero los alemanes seguían sin llegar. Mis nervios estaban a punto de romperse. A veces me descubría deseando que, si habían de ir a buscarme, fueran cuanto antes. No quería seguir más tiempo soportando ese tormento. En algún momento a lo largo de la noche cambié de opinión sobre la forma de suicidarme. Se me ocurrió de repente que podía ahorcarme en lugar de saltar por el balcón y, no sé por qué, esa muerte me pareció más fácil, una forma de irme en silencio. Siempre sin encender la luz, comencé a buscar por la habitación algo que pudiera servir como soga. Finalmente encontré un trozo de cuerda largo y bastante fuerte detrás de los libros de la estantería.

Descolgué el cuadro que había encima de la estantería, comprobé si la alcayata estaba bien firme en la pared, hice un nudo corredizo y esperé. La Gestapo no llegó.

Tampoco aparecieron a la mañana siguiente ni en unos cuantos días. Pero el viernes a las once de la mañana, cuando estaba tumbado en el sofá después de haber pasado la noche casi sin dormir, oí disparos en la calle. Me precipité hacia la ventana. Habían formado a lo ancho de toda la calle, aceras incluidas, una línea de policías que disparaban caóticamente y al azar contra la gente en desbandada. Al rato llegaron camiones de las SS y quedó rodeado un gran tramo de la calle: el tramo donde yo me encontraba. Entraron grupos de agentes de la Gestapo en todos los edificios del trecho rodeado y sacaron de ellos a los hombres. También entraron en mi edificio.

Ya no cabía duda de que iban a encontrar mi escondite. Acerqué una silla a la estantería para llegar a la alcayata del cuadro con más facilidad, preparé el nudo y fui hasta la puerta a escuchar. Oía gritar a los alemanes por la escalera un par de pisos más abajo. Media hora después todo seguía igual. Miré por la ventana. Habían levantado el cerco y los camiones de las SS se habían ido.

No habían llegado.

14   La traición de Szalas

Había pasado una semana desde la huida de Lewicki. La Gestapo seguía sin aparecer y poco a poco mis nervios se calmaban. Pero había otra amenaza: mis reservas de comida se estaban agotando. Ya no quedaba más que una pequeña cantidad de alubias y harina de avena. Reduje mis comidas a dos al día, y cada vez que hacía sopa gastaba sólo diez alubias y una cucharada de harina de avena pero, incluso racionadas, mis provisiones sólo iban a durar unos pocos días más. Una mañana llegó otro coche de la Gestapo al edificio en el que me escondía. Bajaron de él dos SS que llevaban un trozo de papel y entraron en el inmueble. Estaba convencido de que me buscaban y me preparé para morir. Pero tampoco esta vez era yo su presa.

Ya se me habían acabado todas las provisiones. No tenía más que agua para dos días. Me quedaban dos posibilidades: morir de inanición o arriesgarme a salir a comprar una hogaza al vendedor callejero más cercano. Opté por lo segundo. Me afeité muy bien, me vestí y salí del edificio a las ocho de la mañana, procurando caminar con aire despreocupado. Nadie se fijó en mí a pesar de la evidencia de mis rasgos «no arios». Compré la hogaza y volví al piso. Esto fue el 18 de julio de 1943. Viví de esa hogaza —el dinero no me alcanzaba para más— durante diez días, hasta el 28 de julio.

El 29 de julio a primera hora de la tarde oí que llamaban con suavidad a la puerta. No reaccioné. Al poco rato alguien introdujo con mucho cuidado una llave en la cerradura y la giró; se abrió la puerta y entró un joven al que no conocía. Cerró enseguida la puerta tras de sí y preguntó en un susurro:

—¿Nada sospechoso?

—Nada.

Sólo entonces dirigió su atención hacia mí. Me miró de arriba abajo con expresión de sorpresa:

—¿Así que estás vivo?

Me encogí de hombros. Supuse que tenía un aspecto suficientemente vivo para hacer innecesaria la respuesta. El extraño sonrió y, aunque con bastante retraso, se presentó: era hermano de Lewicki y había ido a decirme que al día siguiente recibiría comida. Enseguida me llevarían a otra parte porque la Gestapo seguía buscando a Lewicki y a lo mejor todavía registraba el piso.

Al día siguiente, en efecto, me visitó el ingeniero Gebczynski acompañado de otro hombre, que me fue presentado como un técnico de radio llamado Szalas, activista clandestino de confianza. Gebczynski me abrazó: estaba seguro de que para ese momento ya tenía que haber muerto de hambre y debilidad. Me dijo que todos nuestros amigos comunes se habían sentido preocupados por mí, pero que no habían podido acercarse al edificio porque estaba bajo la vigilancia constante de agentes secretos. Tan pronto como éstos se habían retirado, le habían encargado que se ocupara de mis restos mortales y se asegurara de que tuviera un entierro decente.

Szalas iba a ocuparse de mí de modo permanente a partir de ese momento, pues tal era la tarea que le había asignado nuestra organización clandestina.

Sin embargo, resultó ser un protector muy dudoso. Aparecía cada diez días con una exigua cantidad de comida y me explicaba que no había podido arañar dinero para más. Le di algunas de las escasas pertenencias que todavía me quedaban por vender, pero casi siempre contaba que se las habían robado y se presentaba una vez más con una pequeña cantidad de comida, sólo suficiente para dos o tres días, aunque a veces tuviera que durar dos semanas. Cuando ya estaba yo en la cama, completamente exhausto por la inanición y convencido de que iba a morir, hacía aparición Szalas con un poco de comida, lo justo para mantenerme vivo y darme fuerzas para continuar atormentándome. Radiante, con la mente en otra cosa, siempre preguntaba:

—¿Sigues vivo, eh?

Seguía vivo, aunque la combinación de desnutrición y pena me había provocado ictericia. Szalas no le dio demasiada importancia y me contó con buen humor la historia de un abuelo suyo al que le había dado calabazas la novia por contraer ictericia de repente. En opinión de Szalas, la ictericia no era algo de lo que mereciera la pena hablar. A modo de consuelo, me dijo que los aliados habían desembarcado en Sicilia. Luego se despidió y se marchó. Fue la última vez que nos vimos, porque nunca volvió, aunque pasaron diez días y luego doce y luego dos semanas.

No comía nada; no tenía fuerzas ni para levantarme y arrastrarme hasta el grifo a beber agua. Si hubiera llegado la Gestapo entonces, ni siquiera habría podido ahorcarme. Dormitaba la mayor parte del día, y cuando me levantaba era sólo para sufrir las insoportables punzadas del hambre. La cara, los brazos y las piernas estaban ya empezando a hinchárseme cuando llegó la señora Malczewska, a la que no esperaba: sabía que ella, su marido y Lewicki se habían visto obligados a dejar Varsovia y a esconderse. Hasta ese momento había estado convencida de que yo me encontraba bien atendido, y sólo había pasado para charlar y tomar una taza de té. Supe por ella que Szalas había estado recolectando dinero para mí por toda Varsovia y que, como nadie lo había escatimado porque se trataba de salvar la vida de un hombre, había reunido una buena suma. Había asegurado a mis amigos que me visitaba casi todos los días y que yo no necesitaba nada.

La esposa del doctor volvió a irse de Varsovia a los pocos días, pero antes me proporcionó víveres abundantes y me prometió asistencia más fiable. Por desgracia, no duró mucho.

El 12 de agosto al mediodía, precisamente cuando me estaba preparando una sopa como de costumbre, oí que trataban de entrar en el piso. No era la forma en que llamaban mis amigos cuando venían a visitarme; alguien estaba aporreando la puerta. Serían los alemanes, entonces. Sin embargo, después de un rato identifiqué como femeninas las voces que acompañaban al estrépito. Una mujer gritó:

—¡Abra la puerta ahora mismo o llamamos a la policía!

Los golpes se hicieron cada vez más insistentes. Ya no había duda: los demás habitantes del edificio habían descubierto que me ocultaba allí y habían decidido entregarme, para no exponerse a que los acusaran de esconder a un judío.

Me vestí a toda prisa, y puse en una bolsa mis composiciones y pocas cosas más. Cesaron los golpes. No había duda de que las furiosas mujeres, molestas por mi silencio, se preparaban para poner en práctica su amenaza y probablemente se dirigían en ese momento hacia la comisaría de policía más cercana. Abrí la puerta sin hacer ruido y ya en la escalera me topé con una de ellas. Era evidente que se había quedado de guardia para asegurarse de que yo no escapara. Me cerró el paso.

—¿Sale usted de ese piso? —señaló hacia la puerta— ¡No está usted inscrito!

Le dije que el inquilino del piso era compañero mío y que

había ido a visitarlo pero no lo encontré en casa. Mi explicación era absurda y, por descontado, no satisfizo a la belicosa mujer.

—Enséñeme su salvoconducto, por favor. ¡Su salvoconducto... ahora mismo! —gritó más fuerte aún. Aquí y allá otros inquilinos del edificio habían abierto la puerta para asomarse, alarmados por el ruido.

Aparté a la mujer y corrí escaleras abajo. Oí sus chillidos a mi espalda:

—¡Cierren la puerta! ¡No lo dejen salir!

En la planta baja pasé como un rayo por delante de la portera. Afortunadamente, no había entendido lo que gritó la otra mujer cuando yo bajaba la escalera. Llegué a la puerta de la calle y salí corriendo.

Había vuelto a escapar de la muerte, que sin embargo seguía acechándome. Ahí estaba en medio de la calle a la una de la tarde, sin afeitar, con el pelo sin cortar desde hacía meses, y vestido con un traje arrugado y raído. Aun sin mis rasgos semitas hubiera sido inevitable que llamara la atención. Tomé una bocacalle y seguí corriendo. ¿Dónde podía ir? Los únicos conocidos que tenía en los alrededores eran los Boldock, que vivían en la calle Narbutt. Pero estaba tan nervioso que me perdí, aunque conocía bien la zona. Durante cerca de una hora anduve extraviado por callejuelas, hasta que por fin llegué a mi destino. Dudé mucho antes de decidirme a llamar al timbre con la esperanza de encontrar refugio tras esa puerta, porque sabía demasiado bien lo peligrosa que sería mi presencia para mis amigos. Sin embargo, no tenía alternativa. Tan pronto como abrieron la puerta les aseguré que no me quedaría mucho tiempo; sólo quería hacer unas llamadas telefónicas para ver si podía encontrar un nuevo escondite, permanente esta vez. Pero mis llamadas no dieron resultado. Varios de mis amigos no podían acogerme, otros no podían dejar su casa porque nuestras organizaciones habían asaltado con éxito uno de los mayores bancos de Varsovia ese mismo día y toda la ciudad estaba rodeada de policías. En vista de ello, el ingeniero Boldock y su esposa decidieron dejarme dormir en un piso vacío de una planta inferior a la suya del que tenían llave. A la mañana siguiente llegó mi antiguo compañero de la radio Zbigniew Jaworski. Me alojaría con él unos pocos días.

Así que, por el momento, estaba a salvo en casa de unas personas amables a las que les preocupaba mi suerte. Esa primera noche me di un baño y luego tomamos una deliciosa cena regada con *schnapps*, que por desgracia no le hizo ningún bien a mi hígado. Sin embargo, a pesar de lo agradable de la atmósfera y, sobre todo, de la oportunidad que supuso para hablar a mis anchas tras meses de silencio forzoso, mis planes eran dejar lo antes posible a mis huéspedes por miedo a ponerlos en peligro, aunque Zofia Jaworska y su valerosa madre, una anciana de setenta años, insistieron en que me quedara con ellos todo el tiempo que fuera necesario.

Todos mis intentos de encontrar un nuevo escondite fueron en vano. Me vi rechazado en todas partes. A la gente le daba miedo acoger a un judío; después de todo, era un delito castigado con la pena de muerte. Me sentía más abatido que nunca cuando la providencia vino de nuevo en mi ayuda en el último momento, esta vez bajo la forma de Helena Lewicka, cuñada de la señora Jaworska. No nos conocíamos de antes y, aunque era la primera vez que nos veíamos, cuando se enteró de mis experiencias anteriores aceptó de inmediato acogerme. Se le arrasaron los ojos de lágrimas al conocer mi situación, aunque tampoco su vida era fácil, y tenía multitud de razones para lamentar el destino de muchos de sus amigos y conocidos.

El 21 de agosto, después de mi última noche en casa de los Jaworski, con la Gestapo merodeando por los alrededores y alterando los nervios a todo el mundo por la inquietud y la preocupación, me trasladé a un gran bloque de pisos situado en la Aleja Niepodleglosci. Iba a ser mi último escondite antes de la sublevación polaca y la destrucción completa de Varsovia. Se trataba de un espacioso piso de soltero en la cuarta planta, con entrada directa por la escalera. Tenía luz eléctrica y gas pero carecía de agua, que se tomaba de un grifo de uso común en el rellano de la escalera, donde también estaba el aseo común. Mis vecinos eran intelectuales de mejor posición social que los inquilinos de la calle Pulawska. Los más próximos a mí eran un matrimonio que realizaba actividades clandestinas; estaban huidos y no dormían en casa. Eso entrañaba cierto riesgo también para mí, pero prefería tener como vecinos a gente así que a polacos menos cultos, fieles a sus amos y capaces de entregarme por miedo. Los edificios próximos habían sido ocupados en su mayoría por los alemanes y albergaban diversos organismos militares. Frente a mis ventanas había un gran hospital a medio construir con una especie de almacén en su interior. Todos los días veía a presos de guerra bolcheviques entrando y saliendo cargados con pesados cajones. En esta ocasión había terminado en una de las zonas más alemanas de Varsovia, justo en la boca del lobo, lo que tal vez hiciera que ese sitio fuera mejor y más seguro para mí.

Me hubiera sentido bastante feliz en mi nuevo escondite si mi salud no hubiera declinado con tanta rapidez. El hígado me causaba muchos problemas y finalmente, a comienzos de diciembre, tuve un acceso de dolor durante el cual me costó mucho contener los gritos. El ataque duró toda la noche. El médico al que llamó Helena Lewicka diagnosticó inflamación aguda de la vesícula biliar y recomendó una dieta estricta. Gracias a Dios en ese momento no dependía de la «asistencia» de alguien como Szalas; me cuidaba Helena, la mejor y más abnegada de las mujeres. Con su ayuda recobré poco a poco la salud.

Y así entré en el año 1944.

Me esforzaba por llevar una vida lo más normal posible. Estudiaba inglés de nueve a once de la mañana, leía hasta la una, luego almorzaba, y volvía a mis estudios de inglés y mis lecturas desde las tres hasta las siete.

Mientras tanto los alemanes sufrían una derrota tras otra. Habían dejado de hablar de contraataques hacía mucho tiempo. Estaban llevando a cabo una «retirada estratégica» en todos los frentes, operación que se presentaba en la prensa como la cesión de zonas sin importancia con el fin de restringir la línea de combate en beneficio de los alemanes. Sin embargo, a pesar de sus derrotas en el frente, el terror que sembraban en los países que seguían ocupando iba en aumento. En el otoño habían comenzado las ejecuciones públicas en las calles de Varsovia y ya eran casi diarias. Como siempre, con su habitual actitud sistemática para cualquier cosa, todavía tuvieron tiempo de demoler la mampostería del gueto, «limpio» ya de gente. Destruyeron edificio tras edificio, calle tras calle, y sacaron los escombros de la ciudad con un ferrocarril de vía estrecha. Los «amos del mundo», injuriados en su honor por el levantamiento judío, estaban decididos a no dejar piedra sobre piedra.

A comienzos de año un acontecimiento del todo inesperado vino a romper mi monotonía cotidiana. Un día alguien empezó a forzar la puerta; trabajaba poco a poco, con paciencia y determinación, y hacía pausas de vez en cuando. Yo no estaba seguro de lo que ocurría. Sólo después de mucho pensar caí en la cuenta de que era un ladrón, lo que constituía un problema. A ojos de la ley ambos éramos delincuentes: yo por el mero hecho biológico de ser judío y él por ladrón. ¿Debía amenazarlo con llamar a la policía cuando entrara? ¿O era más probable que me hiciera él la misma amenaza? ¿Íbamos a entregarnos mutuamente a la policía o a hacer un pacto de no agresión entre delincuentes? Al final no entró; lo ahuyentó un inquilino del edificio.

El 6 de junio de 1944 fue a visitarme a primera hora de la tarde Helena Lewicka, radiante, para llevarme la noticia de que los estadounidenses y los británicos habían desembarcado en Normandía; habían roto la resistencia alemana y avanzaban. Las buenas, excelentes, noticias se sucedieron con rapidez: se había tomado Francia, Italia se había rendido, el Ejército Rojo estaba en la frontera polaca, Lublin había sido liberada.

Los ataques aéreos soviéticos sobre Varsovia se hicieron cada vez más frecuentes; desde mi ventana veía la exhibición de fuegos artificiales. Se empezó a oír una especie de rumor por el este, al principio apenas audible y luego cada vez más fuerte: la artillería soviética. Los alemanes evacuaron Varsovia, llevándose todo lo que había en el hospital a medio terminar de enfrente. Lo contemplé con esperanza, cada vez más convencido de que viviría y sería libre. El 29 de julio Lewicki me llevó la noticia de que en cualquier momento se iniciaría la sublevación de Varsovia. Nuestra organización estaba comprando armas a los desmoralizados alemanes en retirada. A mi inolvidable anfitrión de la calle Falat, Zbigniew Jaworski, le habían confiado la compra de un cargamento de ametralladoras. Para su desgracia se encontró con unos ucranianos, que eran aún peores que los alemanes. Con el pretexto de probar las armas que había comprado, lo llevaron al patio de la escuela de agronomía y lo mataron.

El 1 de agosto Helena Lewicka pasó a verme sólo un minuto a las cuatro de la tarde. Quería llevarme al sótano porque la sublevación iba a comenzar en una hora. Guiado por un instinto que ya antes me había salvado muchas veces, decidí quedarme donde estaba. Mi protectora se despidió de mí como si fuera su hijo, con lágrimas en los ojos. Con voz entrecortada me dijo:

—¿Volveremos a vernos, Wladek?

15 En un edificio en llamas

A pesar de la certeza de Helena Lewicka sobre la hora de comienzo de la sublevación —las cinco de la tarde, hora para la cual faltaban sólo unos minutos— yo no podía creerlo. A lo largo de los años de ocupación habían circulado por la ciudad constantes rumores políticos que anunciaban acontecimientos que nunca se habían materializado. En los últimos días se había interrumpido la evacuación de Varsovia por los alemanes —que yo mismo había podido observar desde mi ventana—, la despavorida fuga hacia el oeste de camiones y coches privados cargados hasta los topes. Y era evidente que el retumbar de la artillería soviética, tan próximo sólo unas cuantas noches atrás, estaba apartándose de la ciudad y se hacía más débil.

Me acerqué a la ventana: en las calles reinaba la paz. Vi el movimiento normal de transeúntes, tal vez bastante más reducido de lo habitual, pero en esta parte de la Aleja Niepodleglosci nunca había habido mucha circulación. Un tranvía procedente de la universidad técnica llegó a la parada. Estaba casi vacío. Descendieron unas pocas personas: mujeres, un anciano con bastón. Y luego bajaron también tres hombres jóvenes que llevaban unos objetos largos envueltos en papel de periódico. Se detuvieron junto al primer vagón; uno de ellos miró su reloj, lanzó una ojeada alrededor y de repente puso una rodilla en tierra, se echó al hombro el paquete que llevaba y sonó un rápido repiqueteo. El papel del extremo del paquete comenzó a brillar y dejó al descubierto el cañón de una ametralladora. Al mismo tiempo, los otros dos hombres se llevaron con nerviosismo sus armas al hombro.

Los disparos del joven fueron como una señal para el sector: enseguida se oyeron detonaciones por todas partes y, cuando se apagó el ruido de las explosiones en las proximidades, siguió llegando el de innumerables disparos procedentes del centro de la ciudad. Se sucedían rápidamente, sin parar, como si estuviera hirviendo el agua de una gran tetera. La calle se había quedado desierta; parecía recién barrida. Sólo el anciano seguía andando, torpe y apresurado, con ayuda de su bastón y respirando trabajosamente; le resultaba difícil correr. Al fin llegó a la entrada de un edificio y desapareció en su interior.

Fui hasta la puerta y agucé el oído. Había un movimiento confuso en el rellano y en la escalera. Se abrían y cerraban puertas con estrépito, y se oía gente correr en todas direcciones. Una mujer gritó:

—¡Jesús y María!

Otra exclamó, en dirección a la escalera:

—¡Ten cuidado, Jerzy!

La respuesta llegó desde las plantas inferiores:

—¡Sí, no te preocupes!

Las mujeres lloraban; una de ellas, incapaz de controlarse, emitía sollozos nerviosos. Una profunda voz de bajo trataba de calmarla sin elevar el tono:

—No llevará mucho tiempo. Al fin y al cabo, es lo que todo el mundo esperaba.

Esta vez Helena Lewicka había acertado en su predicción: la sublevación había comenzado.

Me tumbé en el sofá a pensar lo que debía hacer.

Al irse la señora Lewicka, me había dejado encerrado como de costumbre, con llave y candado. Volví a la ventana. Había grupos de alemanes a la puerta de los edificios. Se les unían otros procedentes de Pole Mokotowskie. Iban todos con metralleta, casco y granadas de mano en el cinturón. En nuestro tramo de la calle no se combatía. Los alemanes abrían fuego de vez en cuando, pero sólo contra las ventanas y las personas que se asomaban a ellas. En las ventanas no había respuesta a los disparos. Sólo cuando los alemanes llegaron a la esquina de la calle 6 de Agosto abrieron fuego, tanto en dirección a la universidad técnica como hacia el otro lado, hacia los «filtros», la depuradora de la ciudad. Tal vez podría llegar al centro de la ciudad desde la parte de atrás del edificio, yendo en línea recta hasta la depuradora, pero no tenía arma y, en cualquier caso, estaba encerrado. Si comenzaba a aporrear la puerta, ¿repararían en ello los vecinos, preocupados como estaban por sus propios asuntos? Y entonces tendría que pedirles que bajaran a casa de la amiga de Helena Lewicka, la única persona del edificio que sabía que yo estaba escondido allí. Ella tenía unas llaves para, si ocurría lo peor, abrir la puerta y dejarme salir. Decidí esperar hasta la mañana siguiente y pensar entonces qué hacer, dependiendo de lo que sucediera mientras tanto.

El tiroteo era ya mucho más intenso. A los disparos de fusil se unían las detonaciones, más fuertes, de las granadas de mano; tal vez había entrado en acción la artillería y lo que oía eran bombas. Por la tarde, al caer la noche, vi el primer resplandor de los incendios. Los reflejos de las llamas, todavía infrecuentes, brillaban aquí y allá en el cielo. Surgían con fuerza y luego se extinguían. Poco a poco cesó el tiroteo. Sólo se oían explosiones aisladas y breves repiqueteos de ametralladora. La actividad en la escalera del edificio también había cesado; era evidente que los vecinos se habían atrincherado en sus casas, como para asimilar en privado las impresiones del primer día de sublevación. Era muy tarde cuando me quedé dormido de golpe, sin desvestirme, y caí en el profundo sueño del agotamiento nervioso.

Me desperté también de golpe por la mañana. Era muy temprano y estaba despuntando el alba. El primer sonido que percibí fue el tableteo de un cabriolé. Me acerqué a la ventana. El cabriolé pasaba tranquilamente al trote, con la capota plegada, como si nada hubiera ocurrido. Sin embargo, la calle estaba vacía, a excepción de un hombre y una mujer que caminaban por la acera debajo de mis ventanas con las manos alzadas. Desde donde me encontraba no podía ver a los alemanes que los escoltaban. De repente ambos se inclinaron hacia delante y echaron a correr. La mujer gritó:

—¡A la izquierda, tuerce a la izquierda!

El hombre fue el primero en desviarse y desaparecer de mi campo visual. En ese momento se oyó una descarga cerrada. La mujer se detuvo, se llevó las manos al estómago y cayó al suelo con suavidad, como si fuera una bolsa de tela; quedó con las piernas plegadas bajo el cuerpo. En realidad, más que caer, se dobló por las rodillas, apoyó la mejilla derecha en el asfalto y en esa complicada postura acrobática permaneció. Cuanta más fuerza cobraba la luz del día, más disparos se oían. Cuando el sol estuvo alto en el cielo, un cielo muy claro esos días, por toda Varsovia resonaron de nuevo los disparos de fusil y el sonido de la artillería pesada comenzó a mezclarse con ellos cada vez con mayor frecuencia.

Hacia mediodía subió la amiga de la señora Lewicka con comida y noticias para mí. Por lo que se refería a nuestro barrio, las noticias no eran buenas: había estado en manos alemanas casi desde el principio y sólo había dado tiempo a que los jóvenes de las organizaciones de resistencia se abrieran paso hasta el centro de la ciudad al comenzar la sublevación. Por el momento ni siquiera era posible aventurarse a salir de casa. Tendríamos que esperar hasta que llegaran destacamentos del centro de la ciudad a socorrernos.

—Pero tal vez yo pueda encontrar la forma de deslizarme hasta allí —protesté.

Me miró llena de compasión:

—Escuche, lleva usted año y medio sin salir a la calle. Las piernas dejarán de responderle antes de que esté a mitad de camino. —Sacudió la cabeza, me tomó una mano y añadió con dulzura—: Es mejor que se quede aquí. Nosotros nos ocuparemos de todo.

A pesar de lo que estaba ocurriendo, ella no se desanimaba. Me llevó hasta la ventana de la escalera, desde donde se veía más allá del edificio que había frente a mi piso. Todo el conjunto residencial de casas de una planta de la finca Staszic, hasta la depuradora, estaba ardiendo. Se oía el siseo de las vigas en llamas, el ruido de los techos al desplomarse, los gritos de la gente y disparos. Una capa de humo pardo rojizo cubría el cielo. Cuando el viento la apartaba un poco se podían ver en el horizonte banderas rojas y blancas.

Pasaban los días. No llegaba ayuda desde el centro de la ciudad. Llevaba años habituado a esconderme de todo el mundo, salvo de un grupo de amigos que sabían que estaba vivo y dónde me encontraba. No tenía ánimo para salir del piso, pues de lo contrario los demás habitantes del bloque sabrían que estaba allí y tendría que hacer vida comunitaria con ellos en nuestros pisos sitiados. Saber de mí sólo serviría para que se sintieran peor; si los alemanes descubrían que, aparte de todo lo demás, escondían a un «no ario» en el edificio, serían castigados con mucha mayor severidad. Decidí seguir limitándome a escuchar a través de la puerta las conversaciones de la escalera. Las noticias no mejoraban: se libraban encarnizados combates en el centro de la ciudad, no llegaba apoyo desde fuera de Varsovia y el terror alemán crecía en nuestra zona. En la calle Langiewicz los ucranianos dejaron que los habitantes de un edificio incendiado murieran abrasados dentro de él y dispararon contra los ocupantes de otro bloque de pisos. El famoso actor Marius Mszynski fue asesinado muy cerca de allí.

La vecina de abajo dejó de visitarme. Tal vez alguna tragedia familiar había apartado mi existencia de su mente. Se me estaban agotando las provisiones: ya sólo se componían de unos pocos bizcochos.

El 11 de agosto aumentó de manera perceptible la tensión nerviosa en el edificio. Escuchando junto a la puerta no pude averiguar lo que ocurría. Todos los inquilinos estaban en las plantas inferiores, hablando a grandes voces que de repente se convertían en susurros. Desde la ventana vi pequeños grupos de personas que, de cuando en cuando, salían de los edificios de alrededor con sigilo y, con el mismo sigilo, se dirigían al nuestro. Más tarde volvían a salir. Por la tarde los inquilinos de los pisos inferiores corrieron de improviso escaleras arriba. Algunos de ellos se quedaron en mi planta. Supe por sus atemorizados cuchicheos que había ucranianos en el edificio. En esta ocasión, sin embargo, no habían ido a matarnos. Estuvieron atareados en el sótano un buen rato, se llevaron las provisiones almacenadas allí y no volvieron a aparecer. Esa noche oí girar llaves en la cerradura de mi puerta y en el candado. Alguien abrió la puerta y quitó el candado, pero no entró. ¿Qué ocurría? Las calles estaban llenas de octavillas ese día. Alguien las había repartido pero, ¿quién?

El 12 de agosto, hacia el mediodía, volvió a desatarse el pánico en la escalera. Gente aturdida subía y bajaba. Deduje, por fragmentos de conversaciones, que el edificio había sido rodeado por los alemanes y tenía que ser evacuado de inmediato porque la artillería estaba a punto de destruirlo. Mi primera reacción fue vestirme, pero al instante comprendí que no podía salir a la calle con los SS allí si no quería que me mataran en el acto. Oí disparos procedentes de la calle y una voz áspera que gritaba en tono alterado y muy alto:

—¡Todo el mundo fuera, por favor! ¡Salgan ahora mismo de sus pisos, por favor!

Eché una ojeada a la escalera: estaba silenciosa y vacía. Bajé hasta la mitad y me asomé a la ventana que daba a la calle Sedziowska. Un tanque apuntaba su cañón hacia la planta donde estaba mi piso. Enseguida vi un chorro de fuego, el cañón dio una sacudida hacia atrás, oí un estampido y un muro cercano se desplomó. Soldados con las mangas recogidas y latas en las manos corrían de acá para allá. Comenzaron a elevarse nubes de humo negro por la fachada del edificio y por la escalera, desde la planta baja hasta la cuarta, la de mi piso. Algunos SS entraron corriendo en el edificio y subieron las escaleras. Encerrado en mi piso, me vacié en la palma de la mano el contenido del tubo de somníferos que había estado tomando mientras tuve problemas hepáticos y dejé el frasco de opio al alcance de la mano. Pensaba tragarme las tabletas y beberme el opio en cuanto los alemanes intentaran abrir mi puerta. Pero un instante después, guiado por un instinto que es casi imposible que pudiera someter a análisis racional, cambié de plan: salí del piso, corrí hasta la escalera de mano que comunicaba el rellano con el ático, subí por ella, la retiré y cerré la trampilla del ático detrás de mí. Mientras tanto, los alemanes estaban ya aporreando las puertas de la tercera planta con la culata de los fusiles. Uno de ellos subió hasta la cuarta planta y entró en mi piso. Sin embargo, sus compañeros debieron de pensar que era peligroso seguir más tiempo en el edificio y comenzaron a llamarlo:

—¡Date prisa, Fischke!

Cuando cesó el ruido de pasos abajo, me arrastré fuera del ático, donde casi me había asfixiado con el humo que llegaba desde los pisos inferiores por los conductos de ventilación, y volví a mi habitación. Me abandoné a la esperanza de que sólo arderían las plantas inferiores, incendiadas como medida disuasoria, y que los inquilinos volverían en cuanto les hubieran sido comprobados los documentos. Tomé un libro, me arrellané en el sofá y comencé a leer, pero no pude entender ni una palabra. Dejé el libro, cerré los ojos y decidí esperar hasta que oyera voces humanas cerca de mí.

No me decidí a aventurarme de nuevo hasta el rellano sino al anochecer. Mi piso estaba ya lleno de humo y por la ventana entraba el resplandor rojo del incendio. En la escalera había una humareda tan densa que no dejaba ver los pasamanos. De las plantas inferiores llegaba el sonoro crepitar del fuego que ardía con furia, junto con el crujido de la madera al agrietarse y el estrépito provocado por la caída de enseres dentro de las casas. Era imposible usar ya la escalera. Me acerqué a la ventana. El edificio estaba rodeado a cierta distancia por un cordón de SS. No había civiles a la vista. Era evidente que estaba ardiendo todo el inmueble, y los alemanes se limitaban a esperar que el fuego alcanzara los pisos superiores y las vigas del tejado.

Así que ésta iba a ser al final mi muerte, la muerte que llevaba cinco años esperando, la muerte a la que había escapado día tras día hasta entonces y que por fin me había alcanzado. Había intentado imaginarla muchas veces. Había supuesto que me capturarían y me maltratarían, y luego me dispararían o me asfixiarían en la cámara de gas. Nunca se me había ocurrido que fueran a quemarme vivo.

No pude menos que reírme ante las artimañas del destino. Me encontraba totalmente tranquilo, con una tranquilidad que brotaba de mi convicción de que no había nada más que pudiera hacer para cambiar el curso de los acontecimientos. Dejé que mi mirada vagara por la habitación: sus contornos perdían nitidez a medida que el humo se hacía más denso, y tenía un aspecto extraño y misterioso a la luz del crepúsculo. Cada vez me resultaba más difícil respirar. Me sentía mareado y notaba un zumbido dentro de la cabeza: los primeros efectos de la intoxicación por monóxido de carbono.

Me tumbé otra vez en el sofá. ¿Por qué dejarme abrasar vivo cuando podía evitarlo tomándome los somníferos? ¡Cuánto más fácil sería mi muerte que la de mis padres y hermanos, gaseados en Treblinka! En esos últimos momentos trataba de pensar sólo en ellos.

Encontré el tubo de somníferos, me lo vacié en la boca y tragué. Iba a tomar también el opio para estar totalmente seguro de que moría, pero no me dio tiempo. Las tabletas tuvieron un efecto instantáneo sobre mi estómago vacío y hambriento.

Me quedé dormido.

16 La muerte de una ciudad

No estaba muerto. Después de todo, las tabletas no habían sido lo bastante fuertes. Me desperté a las siete de la mañana con náuseas. Me retumbaban los oídos, el pulso me martilleaba las sienes causándome dolor, sentía que los ojos me iban a saltar de las órbitas, y tenía los brazos y las piernas entumecidos. Notaba un cosquilleo en la garganta que era lo que en realidad me había despertado. Se me había posado una mosca, entumecida como yo por los acontecimientos de la noche y, como yo, medio muerta. Tuve que concentrarme y hacer acopio de todas mis fuerzas para levantar la mano y aplastarla.

Mi primera reacción emocional no fue de decepción por no haber muerto, sino de alegría por seguir vivo. Una codicia ilimitada, bestial, por vivir a toda costa. Había sobrevivido una noche en un edificio en llamas: lo más importante en ese momento era salvarme como fuera.

Permanecí un rato tumbado para volver del todo en mí, y luego me deslicé del sofá al suelo y me arrastré hasta la entrada. La habitación seguía llena de humo y, cuando alcancé el tirador de la puerta, estaba tan caliente que tuve que soltarlo de inmediato. Al segundo intento conseguí dominar el dolor y abrir la puerta. El humo era menos denso en la escalera que dentro de mi habitación, porque se había escapado por las aberturas carbonizadas de las altas ventanas del rellano. Examiné la escalera; se podía bajar por ella.

Reuniendo toda mi fuerza de voluntad, me puse trabajosamente en pie, me agarré al pasamanos y comencé a descender por la escalera. El piso de abajo se había quemado por completo y el fuego se había extinguido ya. Los marcos de las puertas seguían ardiendo y el aire de las habitaciones que había al otro lado resplandecía de calor. Todavía humeaban en el suelo restos de muebles y otros enseres, convertidos en montones de ceniza blanca que marcaban su antigua posición.

Cuando llegué al primer piso encontré, tendido en la escalera, el cadáver abrasado de un hombre; tenía las ropas carbonizadas, y estaba horriblemente pardo e hinchado. No me quedaba otro remedio que pasar sobre él si quería seguir adelante. Pensé que podría levantar la pierna lo suficiente para saltar por encima. Pero, al primer intento, mi pie tropezó en el cadáver y me tambaleé, perdí el equilibrio y caí rodando escaleras abajo junto con el cuerpo achicharrado. Por fortuna, quedó detrás de mí, y pude levantarme y seguir hasta la planta baja. Salí al patio, que estaba rodeado por un muro de poca altura cubierto de enredadera. Me arrastré hasta el muro y me escondí en un rincón, a dos metros del edificio en llamas, camuflándome entre la enredadera y las hojas y tallos de unas plantas de tomate que crecían entre el muro y el edificio.

El tiroteo aún no había terminado. Silbaban las balas por encima de mi cabeza y oía voces alemanas cerca de mí, al otro lado del muro: las de los hombres que caminaban por la acera. Al atardecer aparecieron grietas en el muro del edificio incendiado. Si se derrumbaba, me sepultaría. Sin embargo, esperé para moverme de allí hasta que oscureció y estuve más recuperado de la intoxicación de la noche anterior. Volví a la escalera en la oscuridad, pero no me atreví a subir de nuevo. El interior de los pisos seguía ardiendo, como por la mañana, y el fuego alcanzaría mi planta en cualquier momento. Tras mucho pensar ideé un plan diferente: el enorme edificio sin terminar del hospital donde la Wehrmacht guardaba sus provisiones estaba al otro lado de la Aleja Niepodleglosci. Intentaría llegar hasta allí.

Salí a la calle por la otra entrada de mi edificio. Aunque era de noche no reinaba una oscuridad total. El resplandor rojizo de los incendios iluminaba la ancha calzada. Estaba cubierta de cadáveres; todavía seguía allí el de la mujer a la que había visto morir el segundo día de la sublevación. Me tumbé boca abajo y comencé a arrastrarme hacia el hospital. Constantemente pasaban alemanes, solos o en grupo, y entonces yo dejaba de avanzar y fingía ser un cadáver más. El olor de los cuerpos en descomposición se mezclaba en el aire con el de los incendios. Trataba de arrastrarme lo más deprisa posible, pero parecía que la calle era inacabable y nunca iba a terminar de cruzarla. Por fin llegué al oscuro edificio del hospital. Entré tambaleándome por la primera puerta que vi, me derrumbé en el suelo y me quedé dormido.

A la mañana siguiente decidí explorar el lugar. Consternado, descubrí que el edificio estaba lleno de sofás, colchones, cacharros de cocina y porcelana, objetos de uso cotidiano, lo que significaba que los alemanes pasaban por allí bastante a menudo. Sin embargo, no encontré nada de comer. Descubrí un trastero en un remoto rincón, lleno de chatarra, tuberías y estufas. Me eché en el suelo y pasé allí los dos días siguientes.

El 15 de agosto, según el calendario de bolsillo que llevaba conmigo y en el que había ido tachando con todo cuidado los días, era tan insoportable el hambre que sentía, que decidí salir a buscar algo de comida ocurriera lo que ocurriera. Fue inútil. Trepé al alféizar de una ventana entablada y comencé a observar la calle a través de una pequeña hendidura. Pululaban las moscas sobre los cuerpos tendidos en la calzada. No muy lejos, en la esquina de la calle Filtrowa, había una casa con jardín cuyos habitantes no habían sido expulsados todavía. Llevaban una vida inusitadamente normal: estaban en la terraza tomando el té. Un destacamento de soldados Wlassov comandado por las SS avanzó desde la calle 6 de Agosto. Reunieron los cadáveres de la calle, hicieron un montón con ellos, los rociaron de gasolina y les prendieron fuego. En determinado momento me pareció oír pasos que se acercaban por el pasillo del hospital. Bajé del alféizar de la ventana y me escondí detrás de un cajón. Un SS entró en la habitación donde me encontraba, miró a su alrededor y volvió a salir. Me apresuré por el pasillo, llegué a la escalera, la subí corriendo y me escondí en el trastero. Poco después entró en el edificio del hospital un destacamento completo para registrar todas las habitaciones una por una. No encontraron mi escondite, aunque oí cómo reían, canturreaban y silbaban, y también oí la pregunta esencial:

—Entonces, ¿hemos mirado en todas partes?

Dos días más tarde —habían pasado cinco desde la última vez que comí algo— volví a salir en busca de comida y agua. No había agua corriente en el edificio, pero sí cubos repartidos por él para usarlos en caso de incendio. El agua que contenían estaba cubierta de una película irisada y llena de moscas, mosquitos y arañas muertas. Bebí con ansia, a pesar de todo, pero enseguida tuve que dejarlo porque el agua hedía y no podía evitar tragarme los insectos muertos. Luego encontré unos mendrugos de pan en el taller de carpintería. Estaban enmohecidos, llenos de polvo y cubiertos de excrementos de ratón, pero para mí fueron como un tesoro. El carpintero sin dientes que los había desechado nunca sabría que me había salvado la vida.

El 19 de agosto los alemanes desalojaron a los habitantes de la casa con jardín situada en la esquina de la calle Filtrowa, entre grandes voces y disparos. Me había quedado solo en esa zona de la ciudad. Los SS visitaban cada vez más a menudo el edificio donde me escondía. ¿Cuánto tiempo podría sobrevivir en esas condiciones? ¿Una semana? ¿Dos? Después, el suicidio volvería a ser mi única forma de escape, pero en esta ocasión no disponía de otro medio para suicidarme que una hoja de afeitar. Tendría que cortarme las venas. Encontré un poco de cebada en una de las habitaciones y la cocí en la estufa del taller de carpintería, que encendí por la noche; de ese modo tuve algo que comer durante unos pocos días más.

El 30 de agosto decidí volver al edificio en ruinas de enfrente, que ya parecía apagado. Con una jarra de agua del hospital, crucé furtivamente la calle a la una de la madrugada. Al principio pensé bajar al sótano, pero el carbón que allí había todavía humeaba porque los alemanes habían vuelto a prenderle fuego, así que me escondí en lo que quedaba de un piso de la tercera planta. La bañera estaba llena de agua hasta el borde: sucia, pero agua al fin y al cabo. El fuego había respetado la despensa y en ella encontré una bolsa de bizcochos.

Una semana después, asaltado por un terrible presentimiento, volví a cambiar de escondite y me trasladé al ático, o lo que quedaba de él, porque todo el tejado se había derrumbado en el incendio. Ese mismo día entraron por tres veces ucranianos en el edificio para saquear lo que había quedado intacto. Cuando se fueron bajé al piso en el que me había escondido la semana anterior. Lo único que no había destruido el fuego era el fogón de azulejos, que los ucranianos habían roto uno por uno probablemente buscando oro.

A la mañana siguiente la Aleja Niepodleglosci apareció rodeada de soldados en toda su longitud. Gente con fardos a la espalda y madres con sus hijos agarrados de la mano fueron conducidas al interior del cordón. Los SS y los ucranianos sacaron a muchos hombres del cordón y los mataron delante de todos sin ningún motivo, igual que habían hecho en el gueto mientras estuvo en pie. ¿Quería eso decir que la sublevación había terminado en derrota para nosotros?

No: día tras día el intenso bombardeo volvía a rasgar el aire con un sonido parecido al del vuelo de un tábano —sobre los barrios más cercanos me sonaba como si estuvieran dando cuerda a un reloj antiguo— seguido de una serie de fuertes explosiones rítmicas que llegaban desde el centro de la ciudad.

Más adelante, el 18 de septiembre, sobrevolaron la ciudad escuadrillas de aviones que abastecieron con paracaídas a los sublevados, no sé si de hombres o de material de guerra. Después los aviones bombardearon las zonas de Varsovia bajo control alemán y llevaron a cabo lanzamientos de víveres sobre el centro de la ciudad durante la noche. Al mismo tiempo se intensificaba el fuego de artillería desde el este.

Hasta el 5 de octubre no comenzaron a salir de la ciudad destacamentos de rebeldes rodeados por soldados de la Wehrmacht. Algunos vestían uniforme y otros no llevaban más que un brazalete rojo y blanco en la manga. Formaban un curioso contraste con los destacamentos alemanes que los escoltaban, impecablemente uniformados, bien alimentados y muy seguros de sí mismos, entre abucheos y burlas por el fracaso de la sublevación, mientras filmaban y fotografiaban a sus nuevos prisioneros. Los rebeldes, por el contrario, estaban delgados, sucios y en muchos casos harapientos, y se mantenían en pie con dificultad. No prestaban atención a los alemanes; hacían como si el vencedor no existiese y ellos marcharan a lo largo de la Aleja Niepodleglosci por propia voluntad. Mantenían el orden en sus filas, ayudando a quienes tenían dificultad para caminar, y no echaban ni una ojeada a las ruinas, sino que avanzaban mirando al frente. Aunque su aspecto resultara tan miserable al lado de sus conquistadores, uno tenía la sensación de que no eran ellos los derrotados.

Después, el éxodo del resto de la población civil que quedaba en la ciudad, en grupos cada vez menores, duró otros ocho días. Era como ver desangrarse a un hombre asesinado: primero con más fuerza y luego más lentamente. Los últimos salieron el 14 de octubre. Bastante después del crepúsculo pasó por delante del edificio donde yo seguía escondido una pequeña compañía de rezagados, con su escolta de SS apremiándolos para que se dieran prisa. Me asomé al hueco de una ventana destruida por el fuego y contemplé a las apresuradas figuras encorvadas bajo el peso de sus fardos hasta que las engulló la oscuridad.

Me había quedado solo, con unos pocos bizcochos en el fondo de la bolsa y varias bañeras de agua sucia como únicas provisiones. ¿Cuánto podría resistir en esas circunstancias, teniendo en cuenta que se acercaba el otoño, con sus días cada vez más cortos y la amenaza del invierno?

17   Vida por licor

Estaba solo, no en un edificio ni en una parte de la ciudad, sino en toda una ciudad que dos meses atrás contaba con un millón y medio de habitantes y era una de las más ricas de Europa. Ahora sólo quedaban de ella chimeneas apuntando al cielo desde edificios quemados y los escasos muros respetados por las bombas: una ciudad de escombros y ceniza bajo los cuales yacían sepultados la cultura secular de mi pueblo y los cuerpos de centenares de miles de víctimas asesinadas, pudriéndose con el calor de los últimos días del otoño y llenando el aire de un hedor espantoso.

Las ruinas sólo tenían algunos visitantes durante el día: bribones de fuera de la ciudad que merodeaban con estufas al hombro y se colaban en los sótanos en busca de algún botín. Uno de ellos eligió la casa en ruinas donde yo vivía. No podía encontrarme allí; nadie debía saber de mi presencia. Cuando subía por la escalera y sólo lo separaban dos plantas de mí, rugí con voz salvaje y amenazadora:

—¿Qué pasa? ¡Fuera! *¡Rrraus!*

Salió disparado como una rata asustada: el último de los miserables, un hombre espantado por la voz del último pobre diablo que había quedado vivo.

A finales de octubre, observando desde mi ático, vi a los alemanes cazar a una de esas jaurías de hienas. Los ladrones intentaban salir del apuro dando explicaciones. Los oía repetir una y otra vez, apuntando hacia el oeste:

—De Pruszków, de Pruszków...

Los soldados colocaron a cuatro de los hombres contra el muro más cercano y les dispararon con los revólveres, sin atender a sus súplicas y gimoteos. Ordenaron al resto de los saqueadores que cavaran una fosa en el jardín de una de las casas, enterraran los cuerpos y se fueran. Después de aquello hasta los ladrones se mantuvieron alejados de esa zona de la ciudad. Yo era la única alma viviente en ella.

Se acercaba el primero de noviembre y comenzaba a hacer frío, sobre todo durante la noche. Para no volverme loco por el aislamiento, decidí llevar una vida lo más disciplinada posible. Seguía conservando mi reloj Omega, que había cuidado como a las niñas de mis ojos, y mi pluma estilográfica. Eran mis únicas pertenencias personales. Fui muy concienzudo en darle cuerda al reloj y preparé un horario con él. Me mantenía tumbado e inmóvil todo el día para conservar las pocas fuerzas que me quedaban, y sólo estiraba la mano una vez, hacia el mediodía, para fortalecerme con un bizcocho y una jarra de agua que tomaba a pequeños sorbos. Desde por la mañana temprano hasta que hacía esa comida permanecía tumbado con los ojos cerrados, recorriendo mentalmente, compás a compás, todas las composiciones que había tocado en mi vida. Más adelante, este curso de repaso mental me resultó muy útil: cuando volví a trabajar seguía sabiéndome mi repertorio y lo tenía casi completo en la cabeza, como si hubiera estado practicando durante toda la guerra. Luego, desde la comida del mediodía hasta el anochecer, repasaba de modo sistemático el contenido de todos los libros que había leído, repitiendo mentalmente mi vocabulario de inglés. Me daba yo solo lecciones de inglés, planteándome preguntas y tratando de responderlas de manera correcta y por extenso.

Cuando se hacía de noche me dormía. Me despertaba hacia la una de la madrugada e iba a buscar comida alumbrándome con cerillas, de las que había encontrado una provisión en el edificio, en un piso que no se había quemado del todo. Busqué en los sótanos y entre los restos carbonizados de los pisos, y encontré un poco de avena aquí, unos trozos de pan allá, otro poco de harina enmohecida, y agua en bañeras, cubos y jarras. No sé cuántas veces pasé sobre el cuerpo carbonizado de la escalera en esas expediciones. Era el único compañero cuya presencia no debía temer. Un día encontré un tesoro inesperado en un sótano: medio litro de licor. Decidí guardarlo hasta que terminara la guerra.

Durante el día, cuando estaba tumbado en el suelo, entraban a menudo alemanes y ucranianos a saquear el edificio. Cada una de esas visitas era una nueva prueba para mis nervios, porque tenía un miedo mortal a que me encontraran y me asesinaran. Pero por una razón o por otra nunca subieron al ático, aunque conté más de treinta de esas visitas relámpago.

Llegó el 15 de noviembre y cayó la primera nevada. Cada vez soportaba peor el frío bajo el montón de harapos que había acumulado para mantenerme caliente. Cuando me despertaba por la mañana, aparecía cubierto con una espesa capa de nieve blanda. Me había hecho la cama en un rincón, bajo un trozo de tejado que había quedado intacto: el resto había desaparecido y entraba mucha nieve por todas partes. Un día extendí un trozo de tela por debajo del cristal roto de una ventana y me contemplé en ese espejo improvisado. Al principio no podía creer que la espantosa visión que tenía delante fuera en realidad yo: hacía meses que no me cortaba el pelo, y estaba sin afeitar y sin lavar. Mi cabello formaba una densa maraña, una barba oscura y bastante espesa me cubría la cara casi por completo, y la escasa superficie de piel que no quedaba oculta por la barba estaba toda renegrida. Tenía los párpados enrojecidos y una erupción en la frente cubierta de costras.

Pero lo que más me atormentaba era no saber qué ocurría en las zonas de combate, ya fuera en el frente o entre los rebeldes. La sublevación de la propia Varsovia había sido sofocada. No podía abrigar ilusiones sobre esa cuestión. Pero tal vez aún quedara resistencia fuera de la ciudad, o en Praga, al otro lado del Vístula. Seguía oyendo fuego de artillería de vez en cuando en esa dirección y explotaban bombas en las ruinas, a menudo bastante cerca de mí; sus ásperos ecos resonaban en el silencio de los edificios incendiados. ¿Había resistencia en el resto de Polonia? ¿Dónde estaban las tropas soviéticas? ¿Progresaba por el oeste la ofensiva aliada? Mi vida dependía de las respuestas a esas preguntas; aunque los alemanes no descubrieran mi escondite, no tardaría mucho en morir, de frío o de inanición.

Después de ver mi reflejo decidí emplear parte de mis escasas reservas de agua en lavarme; al mismo tiempo, encendería fuego en uno de los pocos fogones intactos para cocinar lo que me quedaba de harina de avena. Llevaba casi cuatro meses sin comer caliente, y con la llegada de los fríos del otoño cada vez soportaba peor esa carencia. Para lavarme y cocinar algo tuve que salir de mi escondite durante el día. Cuando ya estaba en la escalera reparé en un grupo de alemanes que había fuera del hospital militar de enfrente, trabajando en una cerca de madera. Sin embargo, hasta tal punto había puesto mi corazón en un poco de papilla caliente que no volví atrás. Sentí que enfermaría si no me calentaba de inmediato el estómago con esa papilla.

Estaba ya atareado en el fogón cuando oí a unos SS subir a grandes trancos las escaleras. Salí del piso lo más deprisa posible y corrí al ático. ¡Lo conseguí! Una vez más los alemanes se limitaron a olisquear por todas partes y luego se fueron. Volví a bajar a la cocina. Para encender el fuego tuve que sacar astillas de una puerta con un cuchillo oxidado que encontré y, al hacerlo, me clavé una astilla de un centímetro de largo bajo la uña del pulgar derecho. Estaba tan profunda y firmemente hincada que no pude extraerla tirando. Ese minúsculo accidente podía tener consecuencias peligrosas: carecía de desinfectante, vivía en un entorno de suciedad y era fácil que la herida se infectara. Aun siendo optimista y esperando que la infección no rebasara el pulgar, lo más fácil era que quedara deformado, con lo que peligraría mi carrera como pianista, suponiendo siempre que llegara vivo al final de la guerra.

Decidí esperar hasta el día siguiente y, si era necesario, abrirme la uña con la hoja de afeitar.

Estaba allí de pie, mirándome pesaroso el pulgar, cuando volví a oír pasos. Salí de nuevo disparado hacia el ático, pero esta vez era demasiado tarde. Me encontré frente a un soldado con casco de acero que empuñaba un fusil. Su cara era inexpresiva y no muy inteligente.

Estaba tan alarmado como yo por ese encuentro solitario entre las ruinas, pero trataba de parecer amenazante. Me preguntó, en mal polaco, qué estaba haciendo allí. Le dije que vivía fuera de Varsovia y que había vuelto a buscar algunas de mis cosas. Teniendo en cuenta mi aspecto, era una explicación ridícula. El alemán me apuntó con su arma y me ordenó que lo siguiera. Le respondí que así lo haría, pero que mi muerte caería sobre su conciencia y que si me permitía quedarme donde estaba le daría medio litro de licor. Se mostró de acuerdo con esa forma de rescate, pero dejó bien claro que volvería y entonces tendría que darle más licor fuerte. Tan pronto como me quedé solo, subí rápidamente al ático, retiré la escalera y cerré la trampilla. Al cuarto de hora estaba de vuelta el alemán, pero esta vez acompañado de varios soldados y un suboficial. Al oír los pasos y las voces, trepé

desde el suelo del ático hasta el trozo de tejado intacto, que tenía
una pendiente muy acusada. Me quedé tumbado boca abajo con
los pies apoyados en el canalón. Si se hubiera combado o desprendido, me habría deslizado y luego habría caído a la calle, cinco pisos más abajo. Pero el canalón aguantó, y con esta nueva y
en verdad desesperada idea de escondite quedó a salvo mi vida
una vez más. Los alemanes buscaron por todo el edificio, amon-
tonando mesas y sillas, y finalmente llegaron hasta el ático, pero
no se les ocurrió mirar en el tejado. Les debió de parecer imposible que hubiera nadie allí. Se fueron con las manos vacías, mal-
diciéndome y despotricando contra mí.

Quedé profundamente estremecido por el encuentro con
los alemanes, y decidí que a partir de entonces permanecería en
el tejado durante el día y sólo bajaría al ático al caer la noche. El
metal me helaba, los brazos y las piernas se me quedaban rígidos,
y el cuerpo se me entumecía por la incómoda y tensa postura,
pero había soportado ya tanto que valía la pena sufrir un poco
más, aunque pasara una semana hasta que los alemanes que sabían que estaba escondido terminaran su trabajo en el hospital y
abandonaran esa zona de la ciudad.

Ese día los SS conducían a un grupo de hombres vestidos
de civil a trabajar en el hospital. Eran casi las diez de la mañana
y yo estaba de bruces sobre el tejado, cuando de repente oí bastante cerca de mí una descarga, de fusil o ametralladora: era un
sonido entre silbido y gorjeo, como si me estuviera pasando por
encima una bandada de gorriones, y cayeron proyectiles a mi alrededor. Me di la vuelta para mirar: había dos alemanes de pie en
el tejado del hospital de enfrente, disparándome. Me deslicé hacia el interior del ático y corrí agachado hasta la trampilla. Me perseguían gritos de «¡Alto, alto!» al tiempo que las balas me pasaban
por encima. Pero llegué a la escalera sano y salvo.

No tenía tiempo de pararme a pensar: habían descubierto

mi último escondite en el edificio y tenía que irme de inmediato. Me precipité escaleras abajo, salí a la calle Sedziowska y corrí por ella hasta las ruinas de lo que habían sido las casas de la finca Staszic.

De nuevo mi situación era desesperada, como tantas otras veces. Vagaba entre los muros de edificios destruidos por las llamas, en los que muy posiblemente no habría agua ni restos de comida, ni siquiera un lugar para esconderse. Sin embargo, pasado un rato, vi en la distancia un edificio alto que daba por delante a la Aleja Niepodleglosci y por detrás a la calle Sedziowska, el único con muchas plantas en toda la zona. Me dirigí hacia allí. Al examinarlo de cerca vi que la parte central del edificio estaba reducida a cenizas, pero las alas se mantenían casi intactas. Había muebles en los pisos, las bañeras seguían llenas de agua desde la época de la sublevación y los saqueadores habían dejado algunas provisiones en las despensas.

Siguiendo mi costumbre, subí al ático. El tejado no estaba muy deteriorado, sólo tenía unos cuantos agujeros de metralla. Era mucho más caliente que mi escondite anterior, aunque desde él la huida resultaba casi imposible. Ni siquiera podía escapar hacia la muerte saltando desde el tejado. En la última entreplanta del edificio había un ventanuco de vidrio coloreado a través del cual podía observar los alrededores. Aunque mi nuevo entorno era confortable, no me sentía a gusto en él, tal vez únicamente porque ya me había acostumbrado al otro edificio. Sea como fuere, no podía elegir: tenía que quedarme allí.

Bajé a la entreplanta y miré por la ventana. A mis pies había centenares de casas con jardín reducidas a cenizas, toda una parte de la ciudad ahora muerta. En los jardincillos se veían los túmulos de incontables sepulturas. Un grupo de trabajadores civiles con picos y palas al hombro marchaban de cuatro en fondo por la calle Sedziowska. No se veía ni un solo uniforme alemán con ellos. Todavía nervioso y alterado por mi reciente huida, me acometió un ansia repentina de oír mi voz respondiendo a las palabras de algún ser humano. Ocurriera lo que ocurriera, hablaría un poco con esos hombres. Bajé las escaleras a toda prisa y salí a la calle. El grupo de trabajadores estaba un poco más allá. Corrí hasta llegar a su altura.

—¿Sois polacos?

Se detuvieron y me miraron sorprendidos. El jefe del grupo contestó:

—Sí.

—¿Qué hacéis aquí? —Me resultaba difícil hablar después de cuatro meses de silencio absoluto, salvo por los pocos comentarios que había intercambiado con el soldado al que entregué el licor como rescate, y me sentía muy conmovido.

—Estamos cavando fortificaciones. Y tú, ¿qué haces aquí?

—Me escondo.

El jefe me miró con lo que me pareció compasión.

—Ven con nosotros —dijo—. Puedes trabajar y recibirás sopa a cambio.

¡Sopa! La mera idea de conseguir un plato de sopa caliente me provocó en el estómago un calambre tan doloroso, que por un momento me dispuse a irme con ellos, aunque terminara muerto después. Quería esa sopa; ¡sólo la suficiente para comer una vez! Pero prevaleció el sentido común.

—No —dije—. No voy a irme con los alemanes.

El jefe esbozó una especie de sonrisa, mitad cínica y mitad burlona.

—Bueno, no sé —protestó—. Los alemanes no son tan malos.

Sólo entonces me di cuenta de algo que no había observado antes: el jefe era el único que hablaba conmigo, mientras que todos los demás permanecían en silencio. Llevaba un brazalete

coloreado en la manga, con un sello estampado en él. Su cara
tenía una expresión desagradable, taimada, abyecta. No me miraba a los ojos al hablar, sino a un punto situado por encima de mi
hombro derecho.

—No —repetí—. Gracias, pero no.

—Como quieras —gruñó.

Me di la vuelta para irme. Cuando el grupo se puso de nuevo en marcha grité:

—¡Adiós!

Lleno de presentimientos, o tal vez guiado por el instinto de
conservación que tanto se había aguzado con mis años de estar
escondido, no volví al ático del edificio donde había decidido
quedarme. Me encaminé a la casa con jardín más próxima, como
si su sótano fuera mi escondite. Cuando llegué a su puerta carbo-
nizada me volví a mirar: el grupo seguía su camino, pero el jefe
permanecía con los ojos fijos en mí para ver adónde iba.

Hasta que se perdieron de vista no volví a mi ático, o más
bien a la entreplanta superior, para mirar por el ventanuco. Diez
minutos después el civil del brazalete estaba de vuelta, acompañado de dos policías. Señalaba la casa hacia la que me había visto dirigirme. Registraron primero ésa y luego algunas otras de
alrededor, pero no entraron en mi edificio. Tal vez temían encontrarse con un grupo de rebeldes que siguiera escondido en Varsovia. Bastantes personas escaparon vivas durante la guerra por la
cobardía de los alemanes, a los que sólo les gustaba mostrar valor cuando se sabían muy superiores en número a sus enemigos.

Dos días después fui a buscar comida. Había planeado que
esta vez reuniría una buena provisión, para no verme obligado a
dejar mi escondite demasiado a menudo. Tenía que buscar de día
porque no conocía el edificio lo bastante para orientarme dentro
de él por la noche. Encontré una cocina y luego una despensa
con varias latas de comida, bolsas y cajas. Había que examinar

con todo cuidado su contenido. Desaté cuerdas y levanté tapas. Estaba tan absorto en mi búsqueda que no oí nada hasta que sonó una voz inmediatamente detrás de mí:

—¿Qué demonios estás haciendo aquí?

Un oficial alemán alto y elegante estaba apoyado en el aparador de la cocina con los brazos cruzados sobre el pecho.

—¿Qué estás haciendo aquí? —repitió— ¿No sabes que el estado mayor de la plaza fuerte de Varsovia se va a trasladar a este edificio en cualquier momento?

Me dejé caer en una silla que había junto a la puerta de la despensa. Con la certeza de un sonámbulo, supe de repente que mis fuerzas no me responderían si intentaba escapar de esa nueva trampa. Me quedé allí sentado, gimiendo y contemplando sombrío al oficial. Pasó un poco de tiempo hasta que pude balbucir con dificultad:

—Haz lo que quieras conmigo. No voy a moverme de aquí.

—¡No tengo intención de hacerte nada! —El oficial se encogió de hombros— ¿Cómo te ganas la vida?

—Soy pianista.

Me miró con mayor atención y con evidente desconfianza. Luego lanzó una ojeada a la puerta que conducía desde la cocina al resto de la casa. Al parecer, se le había ocurrido una idea.

—Ven conmigo, ¿quieres?

Pasamos a la habitación de al lado, que había sido sin duda el comedor, y luego a otra en la que había un piano junto a la pared. El oficial señaló el instrumento.

—¡Toca algo!

¿No se había parado a pensar que el sonido del piano atraería de modo instantáneo a todos los SS de las proximidades? Lo miré con aire interrogativo sin moverme del sitio. Sin duda percibió mis temores, porque añadió, como para tranquilizarme:

—No hay problema, puedes tocar. Si viene alguien, te escondes en la despensa y yo digo que estaba probando el instrumento.

Cuando puse los dedos sobre el teclado, me estremecí. ¡Así que esta vez iba a comprar mi vida tocando el piano! Hacía dos años y medio que no practicaba, tenía los dedos agarrotados y cubiertos por una espesa capa de suciedad, y no me había cortado las uñas desde que se incendió el edificio donde me escondía. Además, al estar el piano en una habitación sin cristales, a su mecanismo le había afectado la humedad y las teclas oponían resistencia a la presión.

Toqué el *Nocturno en do sostenido menor* de Chopin. El tintineo vítreo de las cuerdas desafinadas se extendió por el piso y la escalera vacíos, flotó entre las ruinas de la casa de enfrente, y volvió como un eco atenuado y melancólico. Cuando terminé, el silencio parecía aún más tenebroso y siniestro que antes. Desde alguna calle llegó el maullido de un gato. Oí un disparo en el exterior del edificio: un ruido alemán, áspero y fuerte.

El oficial me miraba en silencio. Poco después suspiró y murmuró:

—De todas formas, no debes quedarte aquí. Te llevaré fuera de la ciudad, a un pueblo. Allí estarás más seguro.

Negué con la cabeza:

—No puedo salir de aquí —dije con firmeza.

Sólo entonces pareció entender la verdadera razón por la que me escondía entre las ruinas. Se sobresaltó.

—¿Eres judío? —preguntó.

—Sí.

Había permanecido de pie con los brazos cruzados sobre el pecho, pero entonces los descruzó y se sentó en una butaca junto al piano, como si el descubrimiento que acababa de hacer requiriera larga reflexión.

—Sí, claro —musitó—. Ya veo por qué no puedes salir.

Se sumergió de nuevo en lo que parecían profundas meditaciones y, al cabo de un rato, volvió a dirigirse a mí con otra pregunta:

—¿Dónde te escondías?

—En el ático.

—Enséñame lo que hay por ahí arriba.

Subimos las escaleras. Inspeccionó el ático con gran atención y mirada de experto. Descubrió algo que yo no había advertido aún: había una especie de planta suplementaria, un desván de tablones bajo la lima hoya del tejado y justo encima de la entrada al ático. Apenas se apreciaba a primera vista porque había muy poca luz allí. El oficial me dijo que pensaba que debía esconderme en ese desván y me ayudó a buscar una escalera de mano en los pisos inferiores. Una vez que estuviera en el desván tenía que tirar de la escalera para alzarla.

Cuando hubimos analizado y puesto en práctica el plan, me preguntó si tenía algo para comer.

—No —respondí. Después de todo, me había sorprendido mientras buscaba provisiones.

—Bueno, no te preocupes —añadió impaciente, como si le avergonzara recordar su asalto por sorpresa—. Te traeré comida.

Sólo entonces me aventuré a plantear yo una pregunta. Ya no podía contenerme más.

—¿Eres alemán?

Enrojeció y casi gritó su respuesta, muy agitado, como si mi pregunta hubiera sido un insulto:

—¡Sí! Y me avergüenza serlo, después de todo lo que está ocurriendo.

Me estrechó la mano con brusquedad y se fue.

Cuando reapareció habían pasado tres días. Por la noche, en total oscuridad, oí un susurro debajo del desván:

—Hola, ¿estás ahí?

—Sí, aquí estoy —respondí.

Enseguida aterrizó junto a mí un bulto pesado. A través del papel identifiqué varias hogazas y algo blando, que resultó ser mermelada envuelta en papel encerado. Dejé a un lado el paquete y exclamé:

—¡Espera un momento!

Su voz sonó impaciente en la oscuridad:

—¿Qué quieres? Date prisa. Los guardias me han visto entrar y no puedo quedarme mucho.

—¿Dónde están las tropas soviéticas?

—Están ya en Varsovia, en Praga, al otro lado del Vístula. Sólo tendrás que aguantar unas pocas semanas más: la guerra habrá terminado para la primavera, como muy tarde.

La voz se apagó. Yo no sabía si el oficial seguía allí o se había ido. Pero de repente volvió a hablar:

—Tienes que aguantar, ¿me oyes? —Su voz sonaba áspera, casi como si estuviera dándome una orden, transmitiéndome su firme convicción de que la guerra terminaría bien para ambos. Luego oí el atenuado sonido de la puerta del ático al cerrarse.

Pasaron las semanas, monótonas y sin esperanza. Cada vez oía menos fuego de artillería procedente del Vístula. Había días en los que ni un solo disparo rompía el silencio. No sé si finalmente no me habría rendido en esos momentos y me habría suicidado, como había planeado tantas veces antes, de no haber sido por los periódicos en los que el alemán había envuelto el pan que me llevó. Eran muy recientes y yo los leía una y otra vez, para fortalecerme con las noticias sobre derrotas alemanas en todos los frentes, frentes que se adentraban cada vez más deprisa y más profundamente en el Reich.

El estado mayor de la unidad continuaba trabajando como antes en las alas laterales del edificio. Iban y venían soldados por las escaleras, a menudo subiendo grandes paquetes al ático y bajando otros, pero mi escondite estaba bien elegido; a nadie se le ocurrió nunca registrar el desván. Había guardias que patrullaban constantemente la calle alrededor del edificio. Oía todo el tiempo sus pasos y los zapateos con los que hacían entrar en calor los pies. Cuando necesitaba agua, me deslizaba por la noche hasta alguno de los pisos destruidos en los que había bañeras llenas hasta el borde.

El 12 de diciembre fue a verme por última vez el oficial. Me llevó una gran provisión de pan y un mullido edredón. Me dijo que se iba de Varsovia con su destacamento y que yo no debía desanimarme en absoluto, porque se esperaba una ofensiva soviética en cualquier momento.

—¿En Varsovia?

—Sí.

—Pero, ¿cómo voy a sobrevivir cuando haya combates en las calles? —pregunté con inquietud.

—Si tú y yo hemos sobrevivido a este infierno más de cinco años —me respondió—, es evidente que la voluntad de Dios es que vivamos. Bueno, al menos eso debemos creer.

Cuando ya nos habíamos despedido y él estaba a punto de irse, se me ocurrió una idea en el último momento. Había estado estrujándome el cerebro para encontrar alguna forma de mostrarle mi gratitud y él se había negado en redondo a aceptar mi único tesoro, mi reloj.

—¡Oye! —Tomé su mano y comencé a hablar de forma atropellada—. Nunca te he dicho mi nombre; no me lo has preguntado, pero me gustaría que lo recordaras. ¿Quién sabe lo que puede ocurrir? Te queda un largo camino hasta tu casa. Si sobrevivo, es seguro que volveré a trabajar en la radio oficial polaca.

Allí estaba antes de la guerra. Si te ocurre algo, si puedo ayudarte de la forma que sea, recuerda mi nombre: Szpilman, radio oficial polaca.

Esbozó su sonrisa habitual, mitad reprobatoria, mitad tímida y azorada, pero noté que lo había complacido mi deseo, ingenuo en esa situación, de ayudarlo.

A mediados de diciembre cayeron las primeras heladas fuertes. Cuando salí a buscar agua la noche del 13 de diciembre, la encontré helada en todas partes. Tomé una tetera y una cazuela de un piso próximo a la puerta posterior del edificio que el fuego había respetado, y volví a mi desván. Rasqué un poco de hielo de la cazuela y me lo llevé a la boca, pero no sació mi sed. Se me ocurrió otra idea: me cubrí con el edredón y me coloqué la cazuela de agua helada sobre el estómago desnudo. Al cabo de un rato el hielo comenzó a fundirse y tuve agua. Hice lo mismo durante los días siguientes, porque seguía helando.

Llegó la Navidad y luego el Año Nuevo, 1945: la sexta celebración de Navidad y Año Nuevo de la guerra, y la peor que había conocido. No estaba en condiciones de celebrar nada. Permanecí tumbado en la oscuridad, escuchando cómo el vendaval arrancaba el revestimiento del tejado y los deteriorados canalones que colgaban de los muros de los edificios, y cómo derribaba los muebles de los pisos que no habían sido destruidos por completo. Cuando cesaban un momento las rachas que bramaban en torno a las ruinas, oía chillidos y carreras de ratones, o incluso ratas, en el ático. A veces pasaban a toda velocidad por encima de mi edredón y cuando estaba dormido me corrían por la cara, arañándome. Repasé mentalmente las Navidades que había vivido, durante la guerra y antes de ella. Al principio tenía casa, padres, dos hermanas y un hermano. Luego dejamos de tener casa propia, pero estábamos juntos. Más tarde estuve solo, pero rodeado de otras personas. Y ahora estaba más solo, pensaba, que cualquier otra persona en el mundo. Incluso Robinson Crusoe, el personaje de Defoe prototipo del solitario perfecto, podía albergar la esperanza de encontrarse con otro ser humano. Crusoe cobraba ánimos al pensar que era algo que podía ocurrir cualquier día, y eso le hacía seguir adelante. Pero si en ese momento se acercara a mí cualquiera de las personas que estaban alrededor, correría a esconderme muerto de miedo. Tenía que estar solo, completamente solo, si quería vivir.

El 14 de enero me despertaron unos ruidos desacostumbrados en el edificio y la calle. Iban y venían coches, los soldados subían y bajaban las escaleras a toda velocidad, y oía voces alteradas y nerviosas. Sacaban cosas del edificio todo el tiempo, probablemente para cargarlas en vehículos. El 15 de enero muy de mañana se oyó ruido de artillería procedente del hasta entonces silencioso frente sobre el Vístula. Las bombas no alcanzaron la zona de la ciudad donde estaba mi escondite. Pero el tronar sordo y constante hacía que temblaran el suelo y los muros del edificio, vibrara el revestimiento metálico del tejado y se desprendieran trozos de argamasa de las paredes. El sonido debía de proceder de los famosos cohetes soviéticos Katyuska, de los que tanto habíamos oído hablar antes de la sublevación. Llevado por la alegría y el entusiasmo, cometí lo que, en mis circunstancias, era una locura inexcusable: me bebí una cazuela llena de agua.

Tres horas después cesó de nuevo el fuego de artillería pesada, pero yo estaba tan nervioso como siempre. No dormí en toda la noche: si los alemanes emprendían la defensa de las ruinas de Varsovia, en cualquier momento comenzarían los combates en la calle y tal vez mi muerte sería la apoteosis final de todas mis tribulaciones anteriores.

Pero la noche transcurrió tranquila. Hacia la una oí abandonar el edificio a los alemanes que quedaban. Reinó el silencio, un silencio que ni la propia Varsovia, una ciudad muerta durante los tres últimos meses, había conocido antes. Ni siquiera se oían los pasos de los guardias en el exterior del edificio. Yo no lo comprendía. ¿Se estaba combatiendo?

En las primeras horas del día siguiente rompió el silencio un ruido confuso y penetrante, el último sonido que yo habría esperado. Unos altavoces de radio instalados en algún lugar cercano anunciaban en polaco la derrota de Alemania y la liberación de Varsovia.

Los alemanes se habían retirado sin luchar.

En cuanto empezó a hacerse de día me preparé febrilmente para mi primera aventura en el exterior. El oficial me había dejado un sobretodo militar alemán para que no me helara cuando iba a buscar agua; ya me lo había puesto, pero de repente volví a oír pasos rítmicos de guardias en la calle. ¿Es que se habían retirado las tropas soviéticas y las polacas? Me dejé caer sobre el colchón, desanimado por completo, y allí seguí hasta que llegó a mis oídos algo nuevo: voces de mujeres y niños, sonidos que llevaba meses sin oír; mujeres y niños que hablaban tranquilamente, como si nada hubiera pasado. Era como en los viejos tiempos, cuando las madres paseaban por la calle con sus pequeños. Tenía que conseguir información a toda costa. La incertidumbre se me estaba haciendo insoportable. Corrí escaleras abajo, asomé la cabeza por la puerta principal del edificio abandonado y miré hacia la Aleja Niepodleglosci. Era una mañana gris y brumosa. A mi izquierda, no muy lejos, había una mujer soldado con un uniforme que me resultaba difícil identificar desde esa distancia. Otra mujer se aproximaba por mi derecha con un fardo a la espalda. Cuando estuvo más cerca me aventuré a hablarle:

—Hola, le ruego que me disculpe... —dije con voz apagada, haciéndole señas.

Me miró, soltó el fardo y echó a correr.

—¡Un alemán! —gritó.

La guardia se volvió de inmediato, me vio, apuntó y disparó con su ametralladora. Las balas, al rebotar en la pared, provocaron una lluvia de argamasa sobre mí. Sin pensarlo, escapé escaleras arriba y me refugié en el ático.

Mirando por el ventanuco unos minutos después, vi que todo el edificio estaba ya rodeado. Oí a los soldados hablar entre ellos cuando bajaban a los sótanos, y luego me llegó ruido de disparos y explosiones de granadas de mano.

Esta vez mi situación era absurda. Iban a dispararme soldados polacos en la Varsovia recuperada, al borde mismo de la libertad, por un malentendido. Comencé a preguntarme cómo podría hacerles comprender enseguida, antes de que me despacharan para el otro mundo como a un alemán, que era polaco. Mientras tanto, había llegado al exterior del edificio un grupo uniformado de azul. Después supe que era un destacamento de la policía ferroviaria que pasaba por allí y había sido reclutado para ayudar a los soldados. Así que tenía a dos unidades armadas detrás de mí.

Comencé a descender poco a poco las escaleras, gritando con todas mis fuerzas:

—¡No disparéis! ¡Soy polaco!

Muy pronto oí unos pasos veloces que subían las escaleras. Más allá del pasamanos apareció la figura de un joven oficial con el uniforme polaco y un águila en la gorra. Me apuntó con una pistola y gritó:

—¡Manos arriba!

—¡No dispare! ¡Soy polaco! —repetí.

—Entonces, ¿por qué demonios no bajas? —bramó, rojo de ira— ¿Y qué haces con un sobretodo alemán?

Hasta que los soldados no me examinaron más de cerca y comprobaron la situación, no creyeron de verdad que yo no fuera alemán. Entonces decidieron llevarme a su cuartel general para que pudiera tomar una ducha y comer, aunque yo todavía no estaba seguro de qué otra cosa querrían hacer conmigo.

Pero no podía irme con ellos así, sin más. En primer lugar tenía que cumplir una promesa que me había hecho a mí mismo: besaría al primer polaco que encontrara una vez finalizado el dominio nazi. No fue fácil hacer honor a mi promesa. El teniente se resistió a colaborar durante mucho rato, esgrimiendo toda clase de argumentos, salvo uno que su buen corazón le impedía formular. Cuando por fin lo besé, sacó un espejito y me lo puso delante de la cara, diciendo con una sonrisa:

—¡Mira lo buen patriota que soy!

Dos semanas después, bien cuidado por los militares, limpio y descansado, caminé por las calles de Varsovia sin miedo, como un hombre libre, por primera vez en casi seis años. Me dirigí al este, hacia el Vístula, hasta Praga: antes había sido un suburbio alejado y pobre, pero ahora era todo lo que quedaba de Varsovia, porque los alemanes no lo habían destruido por completo.

Caminaba por una amplia avenida, en otro tiempo animada y con mucho tráfico, que estaba desierta en toda su longitud. No había un solo edificio intacto al alcance de la vista. Tuve que rodear montañas de escombros y en ocasiones no me quedó otro remedio que escalarlas como si fueran laderas de cantos sueltos. Se me enredaron los pies en una masa informe de cables de teléfono y raíles de tranvía arrancados, mezclados con jirones de telas que alguna vez habían decorado pisos o vestido a seres humanos muertos ya hacía mucho.

Apoyado en el muro de un edificio, bajo una barricada rebelde, había un esqueleto humano. No era grande y tenía una estructura delicada. Debía de ser el esqueleto de una chica, porque todavía le quedaban cabellos rubios y largos en el cráneo. El pelo resiste la descomposición mejor que ningún otro elemento del cuerpo. Junto al esqueleto había una carabina oxidada, y alrededor de los huesos del brazo derecho quedaban restos de tela con un brazalete rojo y blanco en el que las letras AK habían sido acribilladas a balazos.

De mis hermanas, la bella Regina y la joven y formal Halina, ni siquiera habían quedado restos; nunca encontraría una tumba a la que ir a rezar por su alma.

Me paré a descansar un poco para recuperar el aliento. Miré hacia el norte de la ciudad, donde había estado el gueto, donde habían sido asesinados medio millón de judíos: no quedaba nada de él. Los alemanes habían aplanado hasta los muros de los edificios destruidos por el fuego.

Al día siguiente debía comenzar mi nueva vida. ¿Cómo iba a hacerlo si detrás de mí no había nada excepto muerte? ¿Qué energía vital podía extraer de la muerte?

Seguí mi camino. Ráfagas de viento hacían sonar los hierros retorcidos de las ruinas, silbando y ululando a través de las ventanas carbonizadas. Se acercaba el crepúsculo. Del cielo plomizo empezó a caer nieve.

Posdata

Cerca de dos semanas después, uno de mis compañeros de la radio oficial polaca que había tomado parte en la sublevación, el violinista Zygmunt Lednicki, volvió a Varsovia tras una larga peripecia. Llegó a pie, como muchos otros, impulsado por el deseo de estar de vuelta en su ciudad lo antes posible. En el camino había pasado por un campo provisional para prisioneros de guerra alemanes. Cuando, más tarde, me relató lo ocurrido, mi colega añadió de inmediato que no se sentía satisfecho de su comportamiento, pero que no había podido contenerse. Se había acercado hasta la alambrada y les había gritado a los alemanes:

—¡Siempre habéis presumido de ser un pueblo culto, pero a mí, que soy violinista, me quitasteis mi violín, que era lo único que tenía!

Entonces un suboficial se levantó del suelo con dificultad y se acercó tambaleándose hasta la alambrada. Iba pobremente vestido y sin afeitar, y tenía muy mal aspecto. Fijando sus ojos desesperados en Lednicki, le preguntó:

—¿Conoce por casualidad al señor Szpilman?

—Pues sí, lo conozco.

—Soy alemán —susurró el hombre febrilmente— y ayudé

a Szpilman cuando estaba escondido en el ático de la unidad de comando, en Varsovia. Dígale que estoy aquí. Dígale que me ayude a salir. Se lo suplico.

En ese momento se acercó uno de los guardias:

—No puede usted hablar con los prisioneros. Por favor, váyase.

Lednicki se fue. Instantes después se dio cuenta de que no conocía el nombre del alemán. Volvió, pero el guardia se había llevado ya al prisionero lejos de la cerca.

—¿Cómo se llama? —le preguntó a voces Lednicki.

El alemán se volvió y gritó algo que mi colega no pudo entender.

Y tampoco yo conocía el nombre del oficial. De manera deliberada, había preferido no saberlo porque así, si me capturaban y en el interrogatorio la policía alemana me preguntaba quién me había proporcionado pan y otras provisiones del ejército, no podría dar su nombre aunque me torturaran.

Hice todo lo posible por averiguar el paradero del oficial alemán, pero no conseguí dar con él. El campo de prisioneros había sido trasladado y el destino de sus ocupantes era secreto militar. Pero tal vez ese hombre —el único *ser humano* con uniforme alemán que encontré— hubiera vuelto a casa sano y salvo.

A veces doy recitales en el edificio del número 8 de la calle Narbutt, donde acarreé ladrillos y cal, donde trabajó la brigada judía: hombres que los alemanes mataron a tiros cuando estuvieron terminados los pisos para sus oficiales. Éstos no disfrutaron mucho tiempo de sus magníficas viviendas nuevas. El edificio sigue en pie y ahora hay en él una escuela. Toco para niños polacos que no saben cuánto sufrimiento humano y cuánto terror mortal hubo una vez en sus soleadas aulas.

Rezo para que nunca lleguen a conocer ese terror y ese sufrimiento.

EXTRACTOS DEL DIARIO
DEL CAPITÁN WILM HOSENFELD

18 de enero de 1942

La Revolución Nacionalsocialista parece falta de entusiasmo en todos sus aspectos. La Historia nos habla de hechos espantosos y barbaridades terribles durante la Revolución Francesa. También la Revolución Bolchevique consintió que se perpetraran atrocidades horribles contra la clase dominante, dictadas por los malos instintos de seres infrahumanos llenos de odio. Aunque condenemos y deploremos tales acciones desde un punto de vista humano, no podemos dejar de reconocer su carácter incondicional, implacable e irrevocable. No hubo acuerdos, componendas ni concesiones. Esos revolucionarios hicieron lo que hicieron con total entusiasmo y resolución, sin atender a cuestiones de conciencia, moralidad o costumbre. Tanto jacobinos como bolcheviques dieron muerte a las clases dominantes y ejecutaron a la familia real. Rompieron con el cristianismo y lo combatieron, decididos a borrarlo de la faz de la tierra. Consiguieron hacer participar al pueblo en guerras nacionales libradas con energía y entusiasmo: las guerras revolucionarias del pasado, la actual contra Alemania. Sus teorías e ideas revolucionarias ejercieron una influencia enorme más allá de las fronteras de su país.

Los métodos de los nacionalsocialistas son diferentes, pero en esencia persiguen una sola idea: el exterminio y la aniquilación de quienes piensan de modo diferente. De vez en cuando se fusila a cierto número de alemanes, pero se echa tierra sobre el asunto y no se hace de conocimiento público. Se encierra a otras personas en campos de concentración, donde se consumen y mueren. Pero no llega a oídos del público. Si se va a detener a enemigos del Estado hay que tener el valor de acusarlos públicamente y entregarlos a la justicia.

Por un lado se alían con las clases dominantes del capital y la industria, y apoyan los principios capitalistas, pero por el otro predican el socialismo. Se declaran a favor del derecho a la libertad personal y religiosa, pero destruyen las iglesias cristianas y libran contra ellas una guerra secreta. Hablan de los derechos de quienes están dotados de aptitudes a desarrollarlas en libertad, pero hacen que todo dependa de la pertenencia al Partido. Ni siquiera los más capaces y brillantes son tenidos en cuenta si permanecen fuera del Partido. Hitler dice ofrecer la paz mundial, pero al mismo tiempo se arma de una manera preocupante. Afirma ante el mundo que no tiene intención de incorporar otras naciones a los estados alemanes ni de negarles el derecho a la soberanía pero, ¿qué ocurre con los checos, los polacos y los serbios? Especialmente en Polonia, tal vez no era necesario despojar a una nación de la soberanía sobre su área independiente de asentamiento.

Pero fijémonos en los propios militantes y veamos hasta qué punto viven en realidad los principios nacionalsocialistas; por ejemplo, en cuanto a la idea de que el bien común está antes que el individual. Piden a la gente normal que observe ese principio pero no tienen intención de seguirlo ellos. ¿Quién se enfrenta al enemigo? El pueblo, no el Partido. Ahora están llamando a los enfermos a servir en el ejército, mientras que en la policía y las oficinas del Partido vemos trabajando a hombres jóvenes y sanos. ¿Por qué están exentos?

Se incautan de propiedades judías para disfrutarlas ellos. Ahora los polacos y los judíos no tienen qué comer, viven en la necesidad, mueren de frío, y los nacionalsocialistas no encuentran nada malo en quitárselo todo.

Varsovia, 17 de abril de 1942

He pasado unos días tranquilos aquí, en el Colegio de Educación Física. Apenas percibo la guerra, pero no puedo sentirme feliz. De vez en cuando llega algo a mis oídos. Aquí las noticias están constituidas por lo que ocurre detrás de la primera línea: tiroteos, accidentes, etcétera. En Lietzmannstadt [Lodz] fueron asesinadas cien personas —ejecutadas a pesar de ser inocentes— porque unos bandidos habían disparado contra tres oficiales de policía. Otro tanto ha ocurrido en Varsovia. La consecuencia es que no se provoca pánico y terror, sino amarga determinación, cólera y aumento del fanatismo. En el puente de Praga dos chicos de las Juventudes Hitlerianas estaban molestando a un polaco y, cuando éste se defendió, llamaron en su ayuda a un policía alemán. Acto seguido, el polaco mató a tiros a los tres. Un gran coche militar arrolló a un *rickshaw* con tres personas en la plaza donde está Correos. El conductor del *rickshaw* murió en el acto. El coche siguió adelante, arrastrando debajo al *rickshaw*, en el que todavía quedaba un pasajero. Se agolpó mucha gente, pero el coche siguió su marcha. Un alemán intentó detenerlo. Luego el *rickshaw* se enganchó en las ruedas del coche y éste tuvo que parar. Los hombres que iban en él se bajaron para apartar el *rickshaw* y siguieron adelante.

Algunos polacos de Zakopane no entregaron sus esquís. Se registraron las casas y doscientos cuarenta hombres fueron enviados a Auschwitz, el temido campo de concentración del este. En

él la Gestapo tortura a la gente hasta matarla. Condujeron a los
infortunados a una celda y acabaron con ellos gaseándolos. La
gente es golpeada salvajemente durante los interrogatorios. Y hay
celdas de tortura especiales; por ejemplo, una en la que la víctima,
atada por las manos y los brazos a un poste que luego se levanta, permanece colgada hasta quedar inconsciente. También ponen
a la víctima en un cajón en el que sólo cabe en cuclillas, y la de-
jan allí hasta que pierde la conciencia. ¿Qué otras cosas diabólicas
han ideado? ¿Cuántos inocentes hay en sus prisiones? La comida
escasea cada día más; el hambre crece en Varsovia.

Tomaszów, 26 de junio de 1942
    Oigo música de órgano y cánticos procedentes de la iglesia
católica. Entro; ante el altar hay niños de blanco que toman la
primera comunión. La iglesia está llena de gente. Acaban de can-
tar el *Tantum ergo* y están dando la bendición. Dejo que el sacerdote me bendiga también a mí. Niños inocentes en una ciudad
polaca, en una ciudad alemana o en algún otro país, que rezan
todos a Dios y que en unos pocos años estarán luchando y ma-
tándose con odio ciego. Incluso hace siglos, cuando las naciones
eran más religiosas y llamaban a sus gobernantes reyes cristianos,
ocurría lo mismo que hoy, cuando la gente se aparta del cristianismo. La humanidad parece más predestinada al mal que al bien. El
ideal máximo en la tierra es el amor entre los seres humanos.

Varsovia, 23 de julio de 1942
    Leyendo los periódicos y escuchando las noticias de la radio
se podría pensar que todo va muy bien, la paz está asegurada, la
guerra ya se ha ganado y el futuro del pueblo alemán está lleno de
esperanza. Sin embargo, me resulta imposible creerlo, aunque
sólo sea porque, a la larga, la injusticia no puede prevalecer, y la
forma en que los alemanes gobiernan los países que han conquis-

tado está condenada a provocar resistencia tarde o temprano. Basta ver la situación aquí en Polonia, y eso que no me entero de mucho de lo que ocurre porque nos cuentan muy poco. Pero, en cualquier caso, con todas las observaciones, conversaciones e información que nos llegan todos los días, podemos formarnos una imagen clara. Si los métodos de administración y gobierno, la opresión de la gente del país y las operaciones de la Gestapo revisten aquí especial brutalidad, supongo que en los demás países conquistados ocurrirá más o menos lo mismo.

Aquí hay por todas partes miedo y terror declarados, empleo de la fuerza, detenciones. Todos los días se apresa a gente para fusilarla. La vida de un ser humano, por no hablar de su libertad personal, carece de importancia. Pero el amor a la libertad es innato en todos los seres humanos y todas las naciones, y no se puede reprimir por mucho tiempo. La Historia nos enseña que la tiranía nunca ha perdurado. Y ahora pesa sobre nuestra conciencia la terrible injusticia de asesinar a la población judía. Hay aquí una operación en marcha para exterminar a los judíos. Tal ha sido siempre el propósito de la administración civil alemana desde la ocupación de las regiones orientales, con ayuda de la policía y la Gestapo, pero al parecer ahora se va a aplicar a una escala enorme, radical.

Nos llegan informes creíbles de fuentes de todo tipo que indican que se ha desalojado el gueto de Lublin y se ha sacado de allí a los judíos, que éstos han sido asesinados en masa o conducidos a los bosques, y que algunos de ellos han sido encarcelados en un campo. Gente de Lietzmannstadt y Kutno dice que a los judíos —hombre, mujeres y niños— los envenenan en cámaras de gas móviles y que a los muertos, despojados de sus ropas, los entierran en fosas comunes, mientras que la ropa se envía a fábricas textiles para ser reprocesada. Se cuenta que allí se desarrollan escenas pavorosas. Ahora los informes dicen que se está vaciando el gueto de Varsovia de la misma forma. Hay cerca de cuatrocientas mil personas en él, y se usan para ese propósito batallones de policía ucranianos y lituanos, en lugar de policía alemana. Cuesta creer todo esto e intento no hacerlo, no tanto porque me preocupe el futuro de nuestra nación, que tendrá que pagar algún día esas monstruosidades, sino porque no puedo creer que Hitler quiera una cosa semejante y que haya alemanes que puedan dar órdenes así. Pero, en tal caso, sólo puede haber una explicación: son enfermos o anormales, o están locos.

25 de julio de 1942

Si es cierto lo que dicen en la ciudad —y la información procede de fuentes fidedignas— no hay ningún honor en ser oficial alemán y nadie puede aprobar lo que está ocurriendo. Pero no puedo creerlo.

Dicen los rumores que van a sacar a treinta mil judíos del gueto esta semana y los van a enviar hacia el este. A pesar de todo el secretismo, la gente dice que sabe lo que ocurre entonces: en algún punto cerca de Lublin se han construido edificios con salas que se pueden calentar mediante corriente eléctrica, como los crematorios. Se lleva a los infortunados a esas salas y allí son quemados vivos, y todos los días se puede matar así a miles de personas, con lo que se evitan los inconvenientes de fusilarlos, cavar fosas comunes y enterrarlos. La guillotina de la Revolución Francesa no admite comparación y ni siquiera en los sótanos de la policía secreta rusa se han ideado métodos tan elaborados de matanza en masa.

Pero con seguridad se trata de una locura. No es posible que sea así. Uno se pregunta por qué no se defienden los judíos. Sin embargo, muchos de ellos, en realidad la mayoría, están tan debilitados por el hambre y la miseria que no pueden ofrecer resistencia.

Varsovia, 13 de agosto de 1942

Un tendero polaco expulsado de Posen [Poznan] al comienzo de la guerra tiene un negocio aquí en Varsovia. A menudo me vende fruta, verduras y otras cosas. Durante la primera Guerra Mundial luchó como soldado alemán durante cuatro años en el frente occidental. Me enseñó su cartilla de pagas. Tiene fuertes simpatías hacia los alemanes, pero es polaco y siempre lo será. Está desesperado por las espantosas crueldades y la brutalidad bestial de lo que están haciendo los alemanes en el gueto.

Uno no puede evitar preguntarse una y otra vez cómo puede haber tanta gentuza entre los nuestros. ¿Es que han dejado salir a los criminales y a los lunáticos de cárceles y asilos, y los han enviado aquí para que actúen como sabuesos? No, son personas de cierta relevancia dentro del Estado quienes han enseñado a compatriotas en principio inofensivos a actuar así. El mal y la brutalidad están al acecho en el corazón humano. Si se les permite desarrollarse libremente, prosperan y echan terribles retoños, ideas como las que son necesarias para asesinar así a los judíos y los polacos.

El tendero polaco del que hablo tiene conocidos judíos en el gueto y los visita a menudo. Dice que las cosas allí son intolerables y tiene miedo de volver. Yendo por la calle en un *rickshaw* vio cómo un hombre de la Gestapo obligó a entrar en el portal de un edificio a una serie de judíos, tanto hombres como mujeres, y luego disparó al azar contra el grupo. Hubo diez personas muertas o heridas. Un hombre salió corriendo y el agente de la Gestapo lo apuntó, pero la recámara de su pistola estaba vacía. Los heridos murieron. Nadie los ayudó; a los médicos ya se los habían llevado o los habían matado, y en cualquier caso los habrían dejado morir. Una mujer le dijo a mi conocido polaco que varios hombres de la Gestapo habían entrado en la maternidad judía, se habían llevado a los recién nacidos, los habían puesto en un saco, habían salido y los habían echado a un coche fúnebre. Los malvados no se conmovieron con el llanto de los niños ni con las quejas desgarradoras de las madres. Aunque casi no se pueda creer, fue así. Dos de esas bestias estuvieron ayer junto a mí en un tranvía. Llevaban un látigo en la mano y volvían del gueto. Me hubiera gustado empujarlos bajo las ruedas del tranvía.

Qué cobardes somos: pensamos que estamos por encima de todo esto pero dejamos que ocurra. También nosotros seremos castigados por ello. Como lo serán nuestros hijos, inocentes, porque al permitir que se cometan tantos crímenes estamos colaborando.

Después del 21 de agosto de 1942

La mentira es el peor de todos los males. Cualquier otra cosa diabólica viene de ahí. Y también a nosotros nos han mentido; constantemente se engaña a la opinión pública. No hay una sola página de periódico que no contenga mentiras, ya trate de asuntos políticos, económicos, históricos, sociales o culturales. Se deforma la verdad en todas partes, se distorsionan los hechos, se retuercen hasta convertirlos en lo contrario de lo que son. ¿Puede salir bien esto? No, las cosas no pueden seguir así, por el bien de la naturaleza humana y de la libertad de espíritu. Los mentirosos y quienes distorsionan la verdad deben perecer y ser privados de su capacidad de gobernar a la fuerza, y entonces volverá a haber espacio para una humanidad más libre y noble.

1 de septiembre de 1942

¿Por qué ha tenido que ocurrir esta guerra? Porque había que mostrar a la humanidad adónde la estaba llevando su impiedad. Primero el bolchevismo mató a millones de personas diciendo que lo hacía para introducir un nuevo orden mundial. Pero los bolcheviques sólo pudieron actuar como lo hicieron porque se habían apartado de Dios y las enseñanzas cristianas. Ahora el nacionalsocialismo está haciendo otro tanto en Alemania. Prohíbe a la gente practicar su religión, se educa a los jóvenes sin inculcarles creencias, se combate a la Iglesia y se le quitan sus propiedades, se aterroriza a cualquiera que piense de modo diferente, se degrada el carácter libre del pueblo alemán, convirtiendo a sus componentes en esclavos aterrados. Se les aparta de la verdad. No pueden desempeñar ningún papel en el destino de su nación.

Ahora no existen los mandamientos contra el robo, el asesinato o la mentira si son contrarios a los intereses personales de la gente. Esta negación de los mandamientos divinos conduce a todas las demás manifestaciones de la codicia: enriquecimiento indebido, odio, engaño, desenfreno sexual, que llevan a la esterilidad y perdición del pueblo alemán. Dios permite que ocurra todo esto, deja que esas fuerzas tengan poder y consiente que perezcan tantos inocentes para mostrar a la humanidad que sin Él no somos más que animales en lucha, convencidos de que debemos destruirnos. No atendemos el mandato divino: «Amaos los unos a los otros». Muy bien, dice Dios, probad entonces el mandato del demonio: «Odiaos los unos a los otros». Conocemos el episodio del Diluvio por las Sagradas Escrituras. ¿Por qué tuvo la primera raza de los hombres un final tan trágico? Porque habían abandonado a Dios y debían morir, fueran culpables o inocentes. Sólo ellos tenían la culpa de su castigo. Y hoy ocurre lo mismo.

6 de septiembre de 1942

Un oficial de la Unidad de Comando Especial que participaba en el certamen de esgrima me ha contado las barbaridades cometidas por esa unidad en la ciudad de Sielce, un centro administrativo. Estaba tan asqueado e indignado que se olvidó por completo de que entre nuestros acompañantes, bastante numerosos, había un cargo destacado de la Gestapo. Un día sacaron a los judíos del gueto y los llevaron por las calles: hombres, mujeres y niños. A una parte de ellos los fusilaron allí mismo, a la vista de los alemanes y la población polaca. Dejaron a algunas mujeres sangrando y retorciéndose bajo el sol del verano, sin prestarles ayuda. A los niños que se habían escondido los arrojaban por las ventanas. Después condujeron a esos miles de personas a una plaza próxima a la estación, donde supuestamente había trenes preparados para llevárselos. Les hicieron esperar allí tres días bajo el calor del verano, sin comida ni agua. Si alguien se ponía en pie le disparaban en el acto, también a la vista de todos. Luego se los llevaron: doscientas personas hacinadas en un vagón de ganado con capacidad para cuarenta. ¿Qué ocurrió con ellos? Nadie quiere reconocer que lo sabe, pero no se puede ocultar. Cada vez son más las personas que consiguen escapar y relatan cosas espantosas. El sitio se llama Treblinka y está al este del territorio polaco bajo dominio alemán. Allí descargan los vagones; mucha gente llega ya muerta. Todo está rodeado de muros y los vagones entran allí para descargar. Los muertos se apilan junto a las vías del tren. Cuando llegan, los hombres sanos tienen que llevarse los montones de cadáveres, cavar fosas y cubrirlas de tierra una vez llenas. Luego los fusilan a ellos. Los hombres que llegan en los transportes sucesivos se encargan de sus predecesores. Los millares de mujeres y niños tienen que desnudarse, y luego los conducen a una cabaña móvil, donde los gasean. La cabaña se coloca sobre un foso y tiene un mecanismo que abre una de las paredes y levanta el suelo, para que los cadáveres caigan al foso. Lleva mucho tiempo funcionando. Allí reúnen a infortunados de toda Polonia. A algunos los matan en el acto porque no hay capacidad de carga suficiente, pero si son demasiados se los llevan. Toda la zona de Treblinka está envuelta en el espantoso hedor de los cadáveres. Mi confidente se enteró de todo esto por un judío que consiguió escapar con otros siete prisioneros y ahora vive en Varsovia; me han dicho que hay bastantes de ellos en la ciudad. Mostró a mi conocido un billete de veinte zlotys que le había sacado del bolsillo a un cadáver; envolvió muy bien el billete para que no perdiera el hedor de los cadáveres y le sirviera de recordatorio constante para vengar a sus hermanos.

Domingo, 14 de febrero de 1943

El domingo, día en que uno puede abandonarse a sus pensamientos, y olvidar el ejército y sus exigencias, afloran todas las ideas que ocultamos en el subconsciente. Estoy muy preocupado por el futuro. Cuando vuelvo los ojos hacia el periodo de la guerra no puedo entender de ningún modo cómo hemos sido capaces de cometer tantos crímenes contra civiles indefensos, contra los judíos. Me pregunto una y otra vez cómo ha sido esto posible. Sólo puede haber una explicación: quienes daban las órdenes y permitían que ocurriera, han perdido por completo el sentido de la decencia y la responsabilidad. Son impíos consumados, enormesególatras, despreciables materialistas. Cuando el verano pasado se cometieron los terribles asesinatos en masa de judíos, con la matanza de tantas mujeres y niños, estuve casi seguro de que perderíamos la guerra. Carecía de sentido una guerra que tal vez se habría justificado en algún momento por una búsqueda de la subsistencia y el espacio vital; había degenerado en una carnicería masiva e inhumana que niega todos los valores culturales y no se puede justificar ante el pueblo alemán: será condenada enérgicamente por la nación en su conjunto. Las torturas a los polacos detenidos, la muerte a tiros de los prisioneros de guerra y el trato bestial que se les dispensa tampoco podrán justificarse nunca.

16 de junio de 1943

Esta mañana vino a verme un joven. Conocí a su padre en Obersig. El joven trabaja aquí en un hospital de campaña y ha presenciado cómo tres oficiales de la policía alemana mataban a un civil. Al pedirle los papeles, averiguaron que era judío: lo llevaron hasta un portal y le dispararon. Despojaron del abrigo al cadáver y lo dejaron allí tirado.

Otro relato de un testigo presencial, en este caso judío: «Estábamos en un edificio del gueto. Llevábamos siete días encerrados en el sótano. El edificio se incendió, las mujeres salieron corriendo y los hombres hicimos lo mismo; a algunos de los nuestros les dispararon. Luego nos condujeron al *Umschlagplatz* y nos metieron en vagones de ganado. Mi hermano tomó veneno; nuestras esposas fueron llevadas a Treblinka, donde las incineraron. A mí me enviaron a un campo de trabajo. Nos trataban muy mal, apenas nos daban de comer y teníamos que trabajar mucho». Este hombre había escrito a sus amigos para decirles: «Enviadme veneno. No puedo soportar esto. Muere tanta gente...».

La señora Jait trabajó durante un año como criada para el servicio secreto. A menudo vio de qué forma espantosa trataban sus miembros a los judíos. Los golpeaban salvajemente. A uno lo tuvieron todo un día de pie sobre un montón de carbón, sin ropa de abrigo y con un frío terrible. Un agente del servicio secreto que pasó por allí lo abatió a tiros. Innumerables judíos han muerto así, sin razón, sin sentido. Es incomprensible.

Ahora están exterminando a los pocos habitantes judíos que quedan en el gueto. Un oficial de las SS se vanagloriaba de haber disparado contra los judíos que salían de los edificios en llamas. Todo el gueto ha sido arrasado con fuego.

Estos salvajes piensan que así vamos a ganar la guerra, pero en realidad la hemos perdido con el espantoso asesinato en masa de los judíos. Nos hemos cubierto de una vergüenza que no se puede borrar; es una maldición imposible de levantar. No merecemos perdón; todos somos culpables.

Me avergüenza ir a la ciudad. Cualquier polaco tiene derecho a escupirnos. Todos los días matan a algún soldado alemán. La situación empeorará y no podremos quejarnos, porque no merecemos otra cosa. Cada día que estoy aquí me siento peor.

6 de julio de 1943

¿Por qué permite Dios esta terrible guerra con sus espantosos sacrificios humanos? Pensemos en los aterradores ataques aéreos, el tremendo miedo de la población civil, el inhumano trato a los prisioneros en los campos de concentración, el asesinato de cientos de miles de judíos por los alemanes. ¿Es culpa de Dios? ¿Por qué no interviene, por qué permite que ocurra todo esto? Podemos plantear tales preguntas pero no obtendremos respuesta. Estamos dispuestos a culpar a otros, pero no a nosotros mismos. Dios permite que se haga presente el mal porque la humanidad se ha sumado a él, y ahora estamos comenzando a notar la carga de nuestro propio mal y nuestras imperfecciones. Cuando los nazis llegaron al poder no hicimos nada para detenerlos; traicionamos nuestros ideales. Los ideales de la libertad personal, democrática y religiosa.

Los trabajadores estuvieron de acuerdo con los nazis, la Iglesia se limitó a observar, las clases medias fueron demasiado cobardes para actuar y lo mismo ocurrió con los intelectuales. Permitimos que se abolieran los sindicatos, se reprimieran las confesiones religiosas, no hubiera libertad de expresión en la prensa ni en la radio. Por último, dejamos que nos llevaran a la guerra. Nos avinimos a que Alemania careciera de representantes democráticos y nos conformamos con unos fantoches que en realidad no tienen voz ni voto. No se pueden traicionar los ideales impunemente, y ahora todos hemos de asumir las consecuencias.

5 de diciembre de 1943

En el último año hemos asistido a un revés tras otro. Ahora

estamos combatiendo en el Dniéper. Se ha perdido toda Ucrania. Aunque conserváramos lo que todavía nos queda en esa zona, no hay posibilidad de beneficio económico. Los rusos son tan fuertes que nos expulsarán de su territorio. Ha comenzado la ofensiva británica en Italia y también allí estamos entregando posición tras posición. Las ciudades alemanas están siendo destruidas una a una. Ahora le toca a Berlín y en Leipzig hay ataques aéreos desde el 2 de septiembre. La guerra submarina es un fracaso total. ¿Qué piensa la gente que todavía habla de victoria? No hemos sido capaces de ganar para nuestra causa ni uno solo de los países que hemos ocupado. Nuestros aliados, Bulgaria, Rumania y Hungría sólo pueden proporcionar ayuda local. Se contentan con poder afrontar sus problemas internos y están preparándose para que las potencias enemigas ataquen sus fronteras. No pueden hacer nada por nosotros, salvo a través de la ayuda económica, como ocurre con las entregas de petróleo de Rumania. En el aspecto militar su ayuda es prácticamente inútil. Desde la caída del gobierno fascista en Italia, ese país no es para nosotros más que un teatro de guerra fuera de las fronteras del Reich en el que, por el momento, se sigue combatiendo.

La superioridad de fuerzas de nuestros enemigos nos deja sin armas. Todo el que intenta permanecer en pie es derribado. Dado el actual estado de cosas, ¿cómo podemos pensar todavía en volver la guerra a nuestro favor?

Tampoco en Alemania cree ya nadie que vayamos a ganar la guerra pero, ¿qué salida hay? No habrá revolución en el interior porque nadie tiene el valor de arriesgar su vida haciendo frente a la Gestapo. ¿Y de qué serviría que unos pocos lo intentaran? La mayoría del pueblo estaría de acuerdo con ellos, pero es una mayoría sojuzgada. No ha habido oportunidad en los últimos diez años de que ni siquiera algunos individuos, mucho menos la población en su conjunto, expresen su libre albedrío. La Gestapo la habría emprendido a tiros de inmediato. Y no podemos esperar que se produzca un golpe militar. El ejército se deja conducir a la muerte de buen grado y también en él se reprime cualquier idea de oposición susceptible de desencadenar un movimiento de masas. Así que hemos de apurar la copa hasta las heces. La nación entera tendrá que pagar todos estos errores y desdichas, todos los crímenes que hemos cometido. Muchos inocentes deberán ser sacrificados todavía antes de que se puedan borrar nuestras culpas. Es una ley inexorable tanto en las cosas grandes como en las pequeñas.

1 de enero de 1944

Los periódicos alemanes informan indignados de la confiscación y traslado de tesoros artísticos por parte de los estadounidenses en el sur de Italia. Es absurdo protestar así por los delitos de otros pueblos: como si el enemigo no supiera que nos hemos apropiado de obras de arte en Polonia para exportarlas o que hemos destruido otras en Rusia.

Aun cuando adoptemos el punto de vista de «los aciertos y errores de mi país» y aceptemos lo que hemos hecho con ecuanimidad, semejante hipocresía está fuera de lugar y sólo sirve para ponernos en ridículo.

11 de agosto de 1944

El Führer va a promulgar un decreto ordenando que sea arrasada Varsovia. La operación ya ha comenzado. Todas las calles que la sublevación había liberado están siendo destruidas con fuego. Los habitantes tienen que salir de la ciudad y se van a millares hacia el oeste. Estamos abandonando una plaza que hemos retenido durante cinco años, ampliándola y diciendo al mundo que era una confiscación de guerra. Aquí se han usado métodos monstruosos. Hemos actuado como si fuéramos los amos y nunca fuéramos a irnos. Ahora no podemos evitar ver cómo se pierde todo, estamos destruyendo nuestro propio trabajo, todo aquello de lo que estaba tan orgullosa la administración civil, que consideraba que sus principales tareas culturales estaban aquí y quería demostrar al mundo lo necesarias que eran. Nuestra política en el este está en quiebra y le estamos erigiendo un último monumento con la destrucción de Varsovia.

EPÍLOGO

Un puente entre Wladyslaw Szpilman y Wilm Hosenfeld

Wolf Biermann

Wolf Biermann es uno de los poetas, letristas y ensayistas más famosos de Alemania. Nació en Hamburgo en 1936, en el seno de una familia judía comunista. Su padre, trabajador de astilleros y combatiente en la resistencia, fue asesinado en Auschwitz en 1943. En su adolescencia Biermann viajó al este, en dirección contraria a la oleada de refugiados que se encaminaron hacia Alemania occidental. En 1965 se prohibieron sus trabajos en Alemania oriental por los ataques al gobierno que contenían y en 1976 Biermann fue obligado por las autoridades a emigrar a Alemania occidental. En la actualidad vive en Hamburgo.

Este libro no necesita prólogo ni epílogo, ni en realidad necesita siquiera ningún comentario. Sin embargo, su autor, Wladyslaw Szpilman, me ha pedido que prepare unos apuntes para los lectores, medio siglo después de los acontecimientos relatados.

Escribió su historia, tal como se reproduce en estas páginas, en Varsovia al terminar la guerra, es decir, en caliente o, para ser más exactos, profundamente conmocionado. Hay muchos libros de memorias de la Shoah. La mayoría de los relatos de supervivencia, sin embargo, se escribieron años o décadas después de los acontecimientos que describen. Es fácil imaginar las diversas razones para ello.

Los lectores advertirán que, aunque este libro fue escrito con las cenizas de la segunda Guerra Mundial todavía humeantes, su lenguaje es de una insólita frialdad. Wladyslaw Szpilman describe su cercano dolor con un distanciamiento casi melancólico. Para mí, es como si todavía no se hubiera repuesto de la conmoción tras su viaje por todos los círculos del infierno; como si escribiera, algo desconcertado, sobre otro individuo: la persona en la que se convirtió tras la invasión alemana de Polonia.

El libro se publicó por primera vez en Polonia en 1946 con

el título de uno de sus capítulos, *La muerte de una ciudad*. Muy
pronto fue retirado de la circulación por los validos polacos de
Stalin y nunca se reeditó, ni en Polonia ni fuera. Cuando los países conquistados por el Ejército Rojo fueron quedando bajo el
dominio completo de sus libertadores, la *nomenklatura* de Europa
oriental en general fue incapaz de tolerar relatos de testigos presenciales tan auténticos como el recogido en este libro. Contenían
verdades demasiado dolorosas sobre la colaboración de rusos,
polacos, ucranianos, lituanos y judíos con los nazis alemanes.

Ni siquiera en Israel quería la gente oír hablar de esas cosas.
Puede parecer extraño, pero es comprensible: era un asunto into-
lerable para todos los afectados, tanto víctimas como verdugos,
aunque evidentemente por razones opuestas.

> El que contaba nuestras horas
> sigue contando.
> Dime, ¿qué cuenta ahora?
> Cuenta y cuenta...
>   (*Paul Celan*)

Números. Más números. De los tres millones y medio de
judíos que llegaron a vivir en Polonia, doscientos cuarenta mil
sobrevivieron al periodo nazi. El antisemitismo había florecido
mucho antes de la invasión alemana. Sin embargo, entre trescientos y cuatrocientos mil polacos arriesgaron su vida por salvar a
compatriotas judíos. De los dieciséis mil arios recordados en Yad
Vashem, principal lugar conmemorativo judío de Jerusalén, la
tercera parte eran polacos. ¿Por qué calcularlo con tanta exacti-
tud? Porque todo el mundo conoce los horribles estragos causa-
dos tradicionalmente por la infección del antisemitismo entre «los
polacos», pero pocas personas saben que, al mismo tiempo, ninguna otra nación escondió a tantos judíos de los nazis. Esconder

a un judío en Francia estaba castigado con la cárcel o el campo de concentración, y en Alemania costaba la vida, pero en Polonia costaba la vida de toda la familia.

Hay algo que me impresiona: en el registro emocional de Szpilman parece no figurar el deseo de venganza. Una vez tuvimos una conversación en Varsovia; acababa de volver de una gira mundial como pianista y estaba sentado, agotado, a su viejo piano de cola, falto de afinación. Hizo un comentario casi pueril, a medias en broma y a medias muy en serio: «Cuando era joven estudié música durante dos años en Berlín. No acabo de entender a los alemanes... ¡eran tan sumamente musicales!

Este libro es como un cuadro de la vida en el gueto de Varsovia sobre un gran lienzo. Gracias a la descripción de Wladyslaw Szpilman podemos comprender mejor algo que ya sospechábamos: las cárceles, los guetos y los campos de concentración, con sus barracones, sus torres de vigilancia y sus cámaras de gas, no están pensados para ennoblecer el carácter. El hambre no otorga un resplandor interior. En pocas palabras: un canalla seguirá siendo un canalla al otro lado del alambre de espino. Pero no siempre es válido un planteamiento tan simple. Ciertos delincuentes de extracción humilde y muchos pillos confesos se comportan con más valentía y amabilidad en el gueto o el campo de concentración que muchas personas instruidas y respetables de clase media.

En ocasiones Wladyslaw Szpilman describe la Shoah en prosa sencilla, escrita con tanta densidad como si fuera poesía. Pienso en la escena del *Umschlagplatz*, cuando Szpilman había sido ya condenado a la destrucción, seleccionado para ser transportado a un incierto futuro del que todo el mundo sospechaba que era la muerte cierta. El autor comparte con sus padres y hermanos un caramelo de nata dividido en seis trozos, su última comida juntos. Y recuerdo la impaciencia del dentista mientras esperan el tren de la muerte: «¡Qué vergüenza para todos nosotros! ¡Les es-

tamos dejando que nos lleven a la muerte como si fuéramos ovejas que van al matadero! ¡Si atacáramos a los alemanes nosotros,
que somos medio millón, podríamos escapar del gueto o al menos moriríamos con honor, no como una mancha en el rostro de
la Historia!». Y la respuesta del padre de Szpilman: «Mira, no somos héroes. Somos gente normal y corriente, y por eso preferimos arriesgarnos y confiar en ese diez por ciento de posibilidades
de vivir». Como ocurre en las tragedias auténticas, tanto el dentista como el padre de Szpilman tenían razón. Los judíos se plan-
tearon miles de veces esta cuestión irresoluble de la resistencia, y
lo seguirán haciendo durante generaciones. Se me ocurre una
consideración más práctica: ¿cómo habrían podido esas personas,
civiles todas, cómo habrían podido las mujeres y los niños y los
ancianos abandonados por Dios y por el mundo, defenderse contra una máquina de exterminio tan perfecta?

La resistencia era imposible, pero a pesar de todo *hubo* resistencia judía. La lucha armada en el gueto de Varsovia y los millares de valerosas acciones llevadas a cabo por los partisanos judíos
muestran, además, que fue una resistencia muy eficaz. Hubo su-
blevaciones en Sobibor e incluso en Treblinka. Pienso también en
Lydia Vago y Sara Ehrenhalt, que sobrevivieron como esclavas en
la fábrica de armas Union de Auschwitz, de donde procedían los
explosivos para volar uno de los crematorios.

El relato de Wladyslaw Szpilman muestra que él desempeñó un papel directo en la valiente resistencia. Estuvo entre quienes eran conducidos todos los días en columnas de trabajadores
hasta el lado ario de la ciudad, y llevó de contrabando al gueto no
sólo pan y patatas, sino también munición para la resistencia judía. Pero él menciona sus valerosas acciones con gran modestia
y sólo de pasada.

Junto al relato de Szpilman se publican, por primera vez,
apuntes del diario de Wilm Hosenfeld, oficial de la Wehrmacht

sin el cual es probable que Szpilman, judío polaco, no hubiera sobrevivido. Hosenfeld, profesor, había servido ya como teniente
en la primera Guerra Mundial y tal vez por ello fuera considerado demasiado mayor para ser enviado al frente al comienzo de la
segunda. Ésa pudo ser la razón por la que se convirtió en oficial
a cargo de todas las instalaciones deportivas de Varsovia, que habían pasado a manos de la Wehrmacht para que los soldados alemanes se mantuvieran en forma practicando el atletismo y otros
deportes. El capitán Hosenfeld fue hecho prisionero por el ejército soviético en los últimos días de la guerra y murió en cautivi-
dad siete años después.

Al comienzo del relato de sus avatares, uno de los odiados
policías judíos salva a Szpilman. Al final, es el capitán Hosenfeld
quien encuentra al pianista medio muerto en la ciudad en ruinas,
despojada ya de sus habitantes, y no lo mata. Hosenfeld lleva incluso comida, un edredón y un abrigo al escondite del judío. Es
como un cuento de hadas de Hollywood, pero ocurrió de verdad:
un miembro de la odiada raza dominadora desempeñó el papel
de ángel de la guarda en esta terrible historia. Como era evidente que la Alemania de Hitler había perdido la guerra, el fugitivo,
con previsión, dio a su anónimo colaborador una información
útil: «Si te ocurre algo, si puedo ayudarte de la forma que sea,
recuerda mi nombre: Szpilman, radio oficial polaca.» Sé por Szpilman que comenzó a buscar a su salvador en 1945, sin resultado.
Cuando llegó al lugar donde su amigo violinista había visto al
hombre, el campo había sido trasladado.

Hosenfeld murió en un campo para prisioneros de guerra
en Stalingrado, un año antes de la muerte de Stalin. Fue torturado
en su cautiverio porque los oficiales soviéticos pensaron que su
afirmación de que había salvado a un judío era una mentira especialmente monstruosa. Sufrió luego varios ataques cerebrales. Al
final se encontraba en un estado de gran confusión, como un

niño apaleado que no entiende por qué lo golpean. Murió en total postración espiritual.

Hosenfeld consiguió enviar sus diarios a Alemania. El último permiso que pasó en su casa fue en Pentecostés de 1944; hay una atractiva imagen del oficial que ha vuelto a casa de la sucia guerra, vestido con su deslumbrante uniforme blanco, y rodeado de su esposa y sus amados hijos. Tiene un aire idílico de paz eterna. La familia Hosenfeld conservó los dos cuadernos llenos de apretada letra que componían el diario. La última anotación está fechada el 11 de agosto de 1944, lo que significa que Hosenfeld envió sus comentarios más explosivos por correo militar ordinario. Supongamos que esos dos volúmenes hubieran caído en manos de los temidos caballeros de los abrigos de cuero... mejor ni pensarlo. Habrían acabado con él.

El hijo de Hosenfeld me contó algo que ofrece una clara imagen de su padre:

«Mi padre era un profesor afectuoso y entusiasta. En el periodo que siguió a la primera Guerra Mundial, cuando pegar a los niños era todavía el medio habitual para imponer disciplina en los colegios, él tenía una amabilidad con los alumnos que resultaba muy poco convencional. A los niños más pequeños de la escuela rural de Spessart solía sentárselos en las rodillas si tenían dificultades con el alfabeto. Y llevaba siempre dos pañuelos en el bolsillo de los pantalones, uno para él y otro para la mocosa nariz de sus alumnos más pequeños.

»En el invierno de 1939 a 1940 la unidad de mi padre, que había salido de Fulda hacia Polonia en el otoño de 1939, estaba acantonada en la pequeña ciudad de Wegrow, al este de Varsovia. La comisaría alemana se había apropiado allí de suministros de heno que pertenecían al ejército polaco. Un frío día de invierno mi padre acertó a pasar cuando un SS se estaba llevando a un escolar. Había sorprendido al chico robando heno requisado en un granero, probablemente sólo una brazada. Era evidente que el chaval estaba a punto de ser fusilado, como castigo por su delito y para disuadir a los demás.

»Mi padre me contó que corrió hacia el SS gritándole: "¡No puedes matar a ese chico!". El SS sacó la pistola, apuntó a mi padre con ella y le dijo en tono amenazador: "¡Si no te largas ahora mismo te mato a ti también!".

»A mi padre le llevó mucho tiempo recuperarse de esa experiencia. Sólo habló de ella una vez, dos o tres años más tarde, durante un permiso. Fui el único miembro de la familia que oyó la historia.»

Wladyslaw Szpilman comenzó enseguida a trabajar de nuevo en Radio Varsovia como pianista. Inauguró las emisiones después de la guerra con la misma pieza de Chopin que había tocado en directo en la radio aquel último día, en medio de la lluvia de artillería y bombas alemanas. Podríamos decir que la emisión del *Nocturno en do sostenido menor* de Chopin tuvo sólo una breve interrupción, para que en los seis años de intervalo el señor Hitler pudiera representar su papel en la escena mundial.

Wladyslaw Szpilman no volvió a saber de su salvador hasta 1949. En 1950, sin embargo, se produjo otra novedad. Un judío polaco, un tal Leon Warm, emigró de Polonia y, durante su viaje, visitó a los Hosenfeld en Alemania occidental. Uno de los hijos de Wilm Hosenfeld escribe sobre Leon Warm:

«En los primeros años después de la guerra mi madre ocupó con mis dos hermanos pequeños una parte de nuestro antiguo alojamiento en la escuela de Thalau, un pueblecito de la región de Rhön. El 14 de noviembre de 1950 un agradable joven polaco nos visitó preguntando por mi padre, al que había conocido en Varsovia durante la guerra.

»De camino al campo de exterminio de Treblinka, ese joven

había conseguido abrir un portón cerrado con alambre de espino en el vagón de ganado en el que viajaban él y sus compañeros de infortunio. Saltó del tren en marcha. Por medio de una familia que conocía en Varsovia entró en contacto con nuestro padre, quien le proporcionó un salvoconducto con nombre falso y lo contrató para trabajar en el centro de deportes. Desde entonces trabajaba como químico en Polonia y en ese momento pretendía montar una empresa propia en Australia.»

Ese hombre, Leon Warm, se enteró en su visita a Frau Hosenfeld de que el marido de ésta seguía vivo. La mujer había recibido cartas y tarjetas postales suyas. Frau Hosenfeld le mostró incluso una lista de los judíos y polacos a los que había salvado su marido, escrita al dorso de una postal fechada el 15 de julio de 1946. Wilm Hosenfeld había pedido a su mujer que buscara ayuda en esas personas. En el cuarto lugar de la lista podía leerse con dificultad: «Wladislaus Spielman, pianista de Radio Varsovia».

Tres miembros de una familia llamada Cieciora tenían también algo que contar sobre Hosenfeld. Los primeros días de la *blitzkrieg* alemana vieron cómo se desarrollaba la siguiente escena: la esposa de un polaco llamado Stanislaw Cieciora fue a un campo de prisioneros de guerra en Pabianice, donde le habían dicho que se encontraba herido su esposo, soldado del ejército derrotado; seguramente él temía que lo mataran los vencedores. Cuando se dirigía allí se encontró con un oficial alemán en bicicleta, que le preguntó adónde iba. Paralizada de miedo, la mujer tartamudeó la verdad: «Mi marido es soldado; está enfermo en ese campo, va a nacer nuestro hijo y temo por él». El alemán tomó nota del nombre del esposo y envió a la mujer de vuelta con una promesa: «Su marido estará en casa dentro de tres días». Y así fue.

Después de eso, Hosenfeld visitó de vez en cuando a la familia Cieciora y se hicieron amigos. El extraordinario alemán empezó a aprender polaco. Como católico devoto, Hosenfeld iba incluso a veces a la iglesia con sus nuevos amigos, vestido con su uniforme de la Wehrmacht, y asistía a misa. Qué imagen: un alemán, muy correcto con su «abrigo de los asesinos», arrodillado ante un sacerdote polaco, mientras el «eslavo infrahumano» depositaba la oblea que representa el cuerpo de Cristo sobre una lengua alemana.

Una cosa llevó a otra: la familia Cieciora estaba preocupada por el hermano del marido, sacerdote en la clandestinidad buscado por los alemanes. Hosenfeld lo salvó también. En tercer lugar salvó a un conocido de los Cieciora rescatándolo de un vehículo militar. Supe cómo habían sido los dos rescates porque me los relató la hija del capitán Hosenfeld:

«En la primavera de 1973 recibimos la visita de Maciej Cieciora, de Posen [Poznan]. Su tío, sacerdote católico, había tenido que escapar de la Gestapo tras la invasión alemana, en el otoño de 1939. Mi padre, que era por entonces el oficial a cargo de las instalaciones deportivas de la ciudad de Varsovia de las que se había apropiado la Wehrmacht, lo protegió dándole trabajo en su oficina con el nombre falso de «Cichocki». Fue a través del padre Cieciora, de quien enseguida se hizo amigo íntimo, como mi padre conoció a Koschel, cuñado del sacerdote.

»Maciej Cieciora nos dijo que, probablemente en 1943, los combatientes polacos por la libertad habían disparado sobre unos soldados alemanes en la parte de Varsovia donde vivía la familia Koschel. Como consecuencia de ello una unidad de las SS detuvo a algunos hombres —entre ellos el señor Koschel— y los hizo subir a un camión. Los infortunados iban a ser ejecutados de manera inmediata fuera de la ciudad como represalia.

»Mi padre, que paseaba por el centro de la ciudad, se encontró por casualidad con el camión en un cruce. El señor Koschel vio a un oficial que conocía por la acera y le hizo señas desesperadas con los brazos. Mi padre se hizo cargo de la situación de inmediato y, con mucha sangre fría, se plantó en medio de la calle e hizo gestos al conductor para que se detuviera. El conductor paró el camión. "¡Necesito un hombre!", dijo mi padre en tono conminatorio al jefe de las SS. Subió al camión, inspeccionó a los ocupantes y eligió a Koschel como si actuara al azar. Lo dejaron salir, y así se salvó.»

El mundo es un pañuelo. En la actualidad, octavo año tras el desplome del bloque del este, el hijo de Stanislaw Cieciora es cónsul polaco en Hamburgo. Me contó una anécdota conmovedora: sus agradecidos padres enviaron a la familia Hosenfeld, a la que le faltaba el padre, paquetes de comida con salchichas y mantequilla, desde la hambrienta Polonia a la Alemania de Hitler, incluso durante la guerra. El mundo es, además, curioso.

Leon Warm se puso en contacto por carta con Szpilman en Varsovia, en la radio oficial polaca, comunicándole los nombres de las personas a las que Hosenfeld había salvado y transmitiéndole su petición urgente de ayuda. Esto fue hace casi medio siglo.

En 1957 Wladyslaw Szpilman recorrió Alemania occidental con el brillante violinista Gimpel. Los dos músicos visitaron a la familia de Wilm Hosenfeld en Thalau: su esposa Annemarie y sus dos hijos, Helmut y Detlef. La madre entregó al visitante una fotografía de su esposo. El verano pasado, cuando se decidió que este libro casi olvidado iba a reeditarse en Alemania, pedí al anciano que me pusiera en antecedentes sobre el asunto Hosenfeld.

«Mire, no me gusta hablar de eso. Nunca lo he comentado con nadie, ni siquiera con mi mujer ni mis dos hijos. ¿Por qué?, se preguntará usted. Porque estaba avergonzado. Verá. Cuando por fin averigüé el nombre del oficial alemán a fines de 1950, luchando contra mis temores y superando mi aversión me dirigí como humilde solicitante a un criminal con el que ninguna persona decente de Polonia debería hablar: un tal Jakub Berman.

»Berman era el hombre más poderoso de Polonia, el jefe de la NKWD polaca y un bastardo, como todo el mundo sabe. Era más influyente que el ministro del interior. Pero yo estaba decidido a intentarlo, así que fui a verlo y le conté todo, añadiendo que no era yo el único al que había salvado Hosenfeld: había salvado también a niños judíos, y había comprado zapatos a niños polacos al comienzo de la guerra y les había dado comida. Le hablé también de Leon Warm y la familia Cieciora, e insistí en que eran muchas las personas que debían la vida a ese alemán. Berman se mostró amable y prometió hacer algo. A los pocos días llamó personalmente a nuestra casa: lo sentía, pero no se podía hacer nada. "Si su alemán estuviera todavía en Polonia, podríamos sacarlo", dijo. "Pero nuestros camaradas de la Unión Soviética no dejarán que salga. Dicen que su oficial pertenecía a un destacamento que estuvo relacionado con el espionaje, así que no hay nada que podamos hacer nosotros como polacos, y yo carezco de autoridad", terminó el hombre que era todopoderoso por la gracia de Stalin. Es decir, elegí al peor de los canallas y no salió bien.»

Inmediatamente después de la guerra era imposible publicar en Polonia un libro en el que se presentara a un oficial alemán como un hombre valiente y bondadoso. Tal vez interese a los lectores saber que, para la edición original polaca, Wladyslaw Szpilman se vio obligado a hacer que su salvador, Wilm Hosenfeld, fuera austriaco. Un ángel austriaco era, evidentemente, «menos malo» en esa época, por absurdo que pueda parecer hoy. En los años de la guerra fría Austria y Alemania oriental estaban unidas por una ficción hipócrita en común: fingían que habían sido ocupadas a la fuerza por la Alemania de Hitler durante la segunda Guerra Mundial.

ESTE LIBRO SE TERMINÓ DE IMPRIMIR
EN BARCELONA EL QUINCE DE DICIEMBRE
DEL AÑO DOS MIL UNO. LA IMPRESIÓN SE HIZO
SOBRE PAPEL EDITORIAL AHUESADO DE CIEN GRAMOS
CON TIPOS GARAMOND DE DOCE PUNTOS.

TÍTULOS PUBLICADOS

EN PREPARACIÓN